Step By Step

이 책은 피터 마운트 샤스타가 Church of Seven Rays에서 출간했으며,
한국어판 저작권은 I AM Teachings Korea가 독점하고 있습니다.
저작권법에 의해 한국 내에서 보호를 받고 있으므로 무단전재와 복제를 금합니다.

피터 마운트 샤스타 Peter Mt. Shasta
홈페이지 https://www.i-am-teachings.com
유튜브 https://www.youtube.com/c/PeterMtShasta

I AM Teachings Korea
네이버 카페 https://cafe.naver.com/iamteachingskorea
홈페이지 iamteachingskorea.com
유튜브 https://www.youtube.com/@iamteachings9400

Step by Step
상승 마스터의 담론

엮은이 펄 도리스Pearl Dorris
편집 피터 마운트 샤스타Peter Mt. Shasta
번역 송다연
발행인 유상숙
초판 1쇄 발행 2024년 12월 12일
펴낸곳 아이엠티칭스
출판등록 제2020-000126호
주소 경기도 성남시 분당구 동판교로 123
전화/구입문의 070-8064-7470

ⓒ 아이엠티칭스, 2024

ISBN 979-11-975216-5-2(03290)
값 9,900원

상승 마스터의 담론

Step By Step

엮은이: 펄 도리스   편집: 피터 마운트 샤스타

아이엠
티칭스

◆ 감사의 말

  이 책의 출간을 가능하게 해 준 빛의 학생들의 진실된 열망, 그리고 이 책의 주인인 위대한 상승 마스터들과 그들의 빛바래지 않는 도움에 깊은 감사를 표하고 싶습니다.

- 펄 도리스(Pearl Dorris), 1977

  미국에서 큰 인기를 얻고 있는 상승 마스터의 담론 Step by Step 한국어 버전을 출판해 주신 유상숙 님과 번역자 송다연 님에게 깊은 감사를 표하고 싶습니다. 또한 이 책이 한국에서 읽는 모든 사람들에게 깨달음을 주기를 바랍니다!

- 피터 마운트 샤스타(Peter Mt. Shasta), 2024

◆ 편집자의 말

 지구로부터 더 높은 존재의 차원으로 나아간 위대한 빛의 존재들인 상승 마스터들은 1939년부터 1949년까지 캘리포니아 산타 로사 근처 목장에서 이 담론을 펄 도리스(Pearl Dorris)와 밥 르페브르(Robert LeFevre)에게 전달했습니다. 이 메시지는 이전에 세인트 저메인 파운데이션(Saint Germain Foundation)의 학생들이었던 20명의 모임에서 텔레파시를 통해 수신되었습니다(자세한 설명은 《Lady Master Pearl, My Teacher》, Peter Mt. Shasta 참조). 아그네스 "써니" 윈델(Agnes "Sunny" Widell)이 그 말들을 최선을 다해 기록했고, 이후 타이핑해 원고로 만들었습니다.

 이 원고는 1975년에 캘리포니아 마운트 샤스타(Mount Shasta)에 위치한 펄의 집 다락방에 있던 상자 안에서 발견되었으며, 펄은 써니와 몇 명의 다른 학생들에게 그 원고를 편집해 출판하라고 부탁했습니다. 개개인에게 전달된 사적인 지침과 10년의 세월 동안 중복되어 전달된 가르침을 삭제하기 위해서는 원고의 편집이 필수적이었습니다. 마스터들은 호흡할 필요가 없어 쉬지 않고 말했기 때문에 구두점 역시 추가해야 했습니다. 또한 편집 위원회는 세인트 저메인 파운데이션(Saint Germain Foundation)에서는 흔히 사용되었지만, 오늘날에는 지나치게 복잡하게 들리는 본래 용어들을 유지할 것인지에 대해서도 논의했습니다. 대부분의 경우 본래 용어가 유지되었고, 이 개정판에서는 현대의 독자가 이 책을 보다 잘 이해할 수 있도록 일부 문구를 현대식 용법으로 수정했습니다. 펄과 함께 일한 편집 위원회의 의견을 수용하고자 펄의 편집 요구가 몇 차례 무시되었는데, 이 또한 바로잡았습니다.

긴 편집 과정에 지친 펄은 1977년 이 담론의 출판을 나의 선택에 맡겼습니다. 그녀는 내가 담론을 출판하기를 택할 경우 나의 성 Mt. Shasta의 이니셜과 세인트 저메인이 펄을 부를 때 이따금 사용했던 애칭을 결합한 이름인 "M. S. Princess" 아래 출판할 것을 요청했습니다. 그녀는 M. S. Princess라는 이름이 여러 생애 동안 지속된 우리의 협력을 상징할 것이라고 설명했습니다. 초판본은 1977년에 《Step by Step We Climb》이라는 제목으로 출간되었습니다.

 본래 출판사인 펄 퍼블리싱(Pearl Publishing)이 사라지고 책이 절판되었기 때문에, 2016년 여름 펄이 내게 나타나 책을 재판하기를 요청했을 때 나는 기뻤습니다.

 이번 개정판에서는 마스터들의 안내에 따라 이전의 편집을 수정하고 반복적인 섹션과 챕터를 삭제했습니다. 이 담론은 1940년대의 사람들에게 전해진 것이기 때문에 현대식 문법에 따르고 마스터들의 본래 의도를 반영하고자 일부 문장을 수정했습니다. 이 개정판이 많은 이들의 길에 빛을 비추기를 기도합니다.

◆ 채널링에 대한 참고 사항

　채널링에는 여러 가지 유형이 있는데, 가장 일반적인 것은 영감을 주는 종류입니다. 이 종류의 채널링은 자기 주도적이며 누군가가 특정 존재에 익숙해지거나 애정을 가질 때 발생할 수 있습니다. 이러한 채널링이 발생하면, 상대와 파장을 맞추어 영감을 주는 메시지를 전달받을 수 있습니다. 이 과정은 소설가가 등장인물의 대사를 적는 방식과 유사합니다. 소설가가 어떠한 등장인물과 친숙해지면, 그 인물이 다양한 상황 속에서 어떤 말을 할 것인지를 쉽게 "들을" 수 있습니다. 영감을 주는 채널링은 채널이 초점을 맞추고 있는 존재와 얼마나 조화를 이루고 있는지, 또는 자신의 상위자아의 파장에 얼마나 맞추어져 있는지에 따라 유용한 정보를 포함할 수 있습니다. 반면 어떤 정보는 희망적이거나 흥미롭게 들리더라도 완전히 거짓일 수 있습니다.

　두 번째 유형의 채널링은 육체는 죽었지만 아직 빛으로 나아가지 못한 사람의 영혼과 파장을 맞추었을 때 발생합니다. 땅에 묶인 영혼들은 이따금 정보를 제공할 수는 있지만, 그들은 깨달음을 얻지 못했고 종종 악의적입니다. 이들은 때로 특정한 마스터나 우주 존재인 척하기도 합니다. 이러한 개체들을 불러내는 사람들은 자신의 삶을 간섭받거나 지배당할 위험에 처하게 됩니다. 허위 정보를 제공하는 것에 대한 카르마를 짓는 것은 말할 필요도 없습니다.

이보다 더욱 위험한 또 다른 유형의 채널링은 어떠한 개체가 채널의 마음은 물론 육체까지 실질적으로 소유할 때 발생합니다. 인간의 자아는 한쪽으로 물러나고, 다른 영혼이 그 자리를 장악하는 것을 허용합니다. 상승 마스터들은 언제나 개인의 의지가 다른 존재에 의해 지배당하는 것을 막기 위해 노력하기 때문에 절대 이렇게 행동하지 않을 것입니다. 상승 마스터들은 오히려 개개인이 자신의 내면에서 신적 현존을 찾고, 근원으로부터 직접적으로 자신만의 지침을 얻을 힘을 주고자 합니다.

마지막 유형의 채널링은 채널의 의지가 아닌 마스터에 의해 발생합니다. 마스터는 보일 수도, 보이지 않을 수도 있는 에테르체로 나타나며 정신적인 전송 방식을 통해 생각을 전달합니다. 이따금 채널은 실질적인 단어, 구문, 또는 한 페이지에 달하는 분량의 글을 눈 깜짝할 사이에 목격합니다. 이러한 순간에도 전송된 내용은 수신자의 교육 수준, 언어능력, 선입견, 그리고 감정 상태에 영향을 받는 그의 마음에 의해 변질될 수 있습니다. 마스터의 에너지가 너무나도 강렬해 생각과 감정을 증폭하기 때문에, 마스터들은 마음의 흐름을 정화했고 수년간 마스터와의 상호작용을 대비해 온 사람들에게만 접근합니다. 마스터들의 메시지는 거의 모든 경우에 정신적으로 유익하며, 쓸모없는 정보를 주거나, 미래에 대한 경이로운 예측을 하거나, 개인적인 정보를 드러내지 않습니다.

마스터가 시작하는 이와 같은 유형의 소통의 위험성은 메시지의 수송이 끝난 후에 채널이 스스로 메시지를 전파하고자 하는 유혹을 느낄 수 있다는 것입니다. 채널은 칭찬이나 금전적 이득을 얻고자 하는 마음으로 인해 이러한 유혹을 느낄 수 있습니다. 이는 학생이 침묵을 지킬 힘이 있는지, 아니면 자신이 하고 싶은 말을 마스터가 한 말인 양 설파할 것인지를 시험하는 것일 수 있습니다. 펄은 매일 마스터들과 접촉했음에도 불구하고 개인적인 메시지를 채널링하지 않았고, 대신 그녀를 찾아온 수천 명의 사람들이 그들의 가슴 안에서 자신의 신적 불꽃을 느끼고 그 불꽃의 지도를 찾을 수 있도록 도왔습니다.

나는 1977년에 마스터들의 직접적인 접촉을 경험했습니다. 이때 나의 바람과는 관계없이 상승 마스터들이 열흘에 걸쳐 나타나 그들의 말을 받아 적도록 했습니다(이 말씀은 이후 《"I AM" the Open Door》로 출간되었고, 《Apprentice to the Masters: Adventures of a Western Mystic, Book II》에 묘사되어 있습니다). 어떤 단어로도 이 경험의 압도적인 에너지를 표현할 수 없습니다.

이 책은 밥 르페브르와 펄 도리스가 받은 메시지를 엮은 것입니다. 이 두 사람은 마스터 세인트 저메인을 통해 이 메시지를 받아 적는 과제를 대비했습니다. 메시지의 수송이 이루어진 상황에 함께한 사람들 역시 마스터 세인트 저메인의 요청에 따라 모였습니다. 이처럼 상서로운 환경에서도 인간의 의견이 메시지를 변질시켰을 수 있습니다. 따라서 마스터들은 지침과 궁극적인 진리를 얻기 위해서는 그 무엇보다도 자신의 근원에 의지해야 함을 항상 강조합니다.

상승 마스터 세인트 저메인

CONTENTS

감사의 말   4
편집자의 말   5
채널링에 대한 참고 사항   8

Chapter 1
생명의 법칙 - 여러 마스터들   15

Chapter 2
모든 것은 하나입니다 - 엘 모리아   29

Chapter 3
사람―빛의 광선 - 쿠투미   35

Chapter 4
창조의 불꽃 - 세인트 저메인   45

Chapter 5
마스터리로 가는 길 - 여러 마스터들   57

Chapter 6
당신의 형제와 자매 - 세인트 저메인   64

Chapter 7
신의 원칙에 대한 순종 - 세라피스 베이   68

Chapter 8
용서의 불꽃 - 울란도   75

Chapter 9
생명, 빛, 신—모두 하나 - 힐라리온   84

Chapter 10
에너지와 진동 - 마하 초한   90

Chapter 11
진정한 침묵 - 지혜의 여신   95

Chapter 12
당신의 창조력 - 베네시안   100

Chapter 13
당신이 I AM 현존입니다 - 여러 마스터들   107

Chapter 14
당신의 신적 통치권을 소유하세요 - 예수   115

Chapter 15
기회는 끊임없이 찾아옵니다 - 나다   123

Chapter 16
순결함—보호 - 순결의 여신　　　　　　　　　126

Chapter 17
순수함—자연적인 상태 - 순수의 여신　　　　129

Chapter 18
자유 - 세인트 저메인　　　　　　　　　　　　133

Chapter 19
엘로힘이 지구를 돕기 위해 오다 - 악튜러스　146

Chapter 20
당신의 비밀번호 - 빅토리　　　　　　　　　149

Chapter 21
세인트 저메인과의 만남 - 페리 보샹의 편지　153

Chapter 22
마스터들의 확언　　　　　　　　　　　　　　162

Chapter 1 생명의 법칙

여러 마스터들

 이 지구상에서 사람은 영적인 존재로서 먼저 활동하고, 육체적인 존재로서의 활동은 그다음입니다. 사람의 영적 특성은 제대로 정의된 적이 없습니다. 대부분의 사람이 오랜 세월이 지나는 동안 자신과 생명의 근원 사이의 연결을 잊고, 자신을 그 근원과 매우 동떨어진 존재로 생각하게 되었기 때문입니다. 즉, 사람들은 개개인이 서로 분리된 존재라고 생각하게 되었습니다. 하지만 이건 사실이 아닙니다. 사람은 개별적으로도, 집단적으로도 하나이기 때문입니다. 오직 우리의 가슴속에서만 모든 것의 진리인 하나 됨을 발견할 수 있습니다.

 당신이나 타인의 세계 속의 육체적, 정신적, 감정적 불완전함에 주의를 사로잡히지 마세요. 불완전함에 집중하지 마세요! 기억하세요, "당신이 주의를 기울이는 것이 곧 당신의 존재 그 자체가 된다."라는 것이 바로 변치 않는 법칙입니다. 그리고 당신이 완전함만을 보는 것을 통해서 불완전함을 제거하지 않는 이상 불완전함은 항상 존재할 것입니다. 당신의 근원을 알고, 당신과 신 사이의 연결 통로가 당신의 안에 있다는 것을 알면 완전함을 보는 것은 쉽습니다. 당신은 결핍만을 인식할 수 있는 육체적인 존재가 아니라, 빛, 사랑, 그리고 힘을 조종할 수 있는 영적인 존재입니다.

항상 기억하세요.

나는(I AM) 내가 되고자 하는 그 존재입니다.
I AM that which I wish to become.

나는(I AM) 지구상에서의 내 운명의 성취입니다.
I AM the fulfillment of my destiny here on earth.

나는(I AM) 빛의 승리 그 자체입니다.
I AM the Victory of Light itself.

나는(I AM) 내가 발 딛는 모든 곳을 정복하는 지휘하는 존재입니다.
I AM the Commanding Presence moving in and Conquering everywhere I move.

나는(I AM) 죽음을 넘어선 생명의 승리입니다.
I AM the Victory of Life over death.

나는(I AM) I AM인 그것입니다.
I AM that I AM.

이 의식, 즉 당신의 근원과 하나 되는 것이 바로 하나 됨의 성취입니다. 이 성취는 개개인이 자신의 관심이 하나의 불완전함에서 또 다른 불완전함으로 옮겨 가는 것을 허락할 때 더욱 얻기 힘들어집니다. 당신이 되고자 하는 완전함을 바라보세요. 이 완전함에 당신의 주의를 집중하고, 당신의 안에 흐르는 생명의 에너지가 그 완전함을 현실화하도록 하세요!

힘

사람들을 대할 때, 당신이 어떤 한 사람만을 대하고 있는 것이 아니라, 그를 통해 작용하고 있는 무의식적인 힘(Forces)도 상대하고 있음을 기억하세요. 또한 누군가를 상대할 때마다 그가 언젠가 마스터가 될 사람, 혹은 현재 마스터리로 향하는 길을 걷고 있는 사람이라는 사실을 기억하세요. 당신은 반응하지 않음으로써, 그리고 사랑을 통해서 당신이 상대하고 있는 사람의 안에서 작용하고 있는 힘을 정화하는 의식을 발산할 수 있습니다. 이에 더해 그 사람 안에 당신의 마음에 들지 않는 것이 있다면, 그것은 곧 당신의 세계 안에 당신이 정화해야 할 불쾌한 힘이 작용하고 있다는 뜻입니다. 어떤 힘이 작용하는지에 관계없이, 한 사람을 그 힘으로부터 빼내어 올 수 있을 정도로 능숙해지세요. 이는 당신의 안에서 유사한 힘 또는 개인적인 욕망이 작용하고 있지 않아야만 가능합니다.

부정적인 힘에 대한 해결책은 단 하나입니다. 바로 당신의 주의를 내면의 신께로 돌리고, 조화로움을 유지하고, 대부분의 상황에서 침묵을 지키는 것입니다. 오, 나의 소중한 여러분. 당신이 하루 동안 말하는 일에 낭비하는 시간이 얼마나 많은지요! 당신이 이 낭비를 내적인 관점에서 볼 수 있다면 상당히 놀랄 것입니다. 침묵하는 법을 배우세요!

당신의 보호벽인 빛의 장벽을 활발하게, 진정으로 사용하세요. 부정적인 힘이 작동하기 시작할 낌새가 보인다면 즉시 보라색 불꽃에 도움을 요청하고 빛의 장벽을 불러오세요. 그 빛의 장벽이 무너지지 않도록 지켜 줄 당신의 상위자아 또한 부르세요. 그렇게 하면 당신은 조화롭지 못하거나 부정적인 상태로부터 벗어날 수 있을 것입니다. 그러나 당신의 의지가 당신에게 영향을 미치고 있는 힘보다 강력해야만 합니다. 그것이 어디에서 비롯되었든 간에, 모든 부정적인 간섭이 멈추도록 도움을 요청하세요.

서로를 차별하거나, 당신들 사이에서 작용하고 있는 힘에 자신도 모르게 스스로를 노출한 사람을 비난하지 마세요. 당신의 상위자아를 불러 이러한 상태로부터 주의를 돌리세요. 비난하는 일에 지나치게 큰 관심이 잘못 소모되고 있습니다. 당신에게는 신의 것이 더 많이, 인간의 것이 보다 적게 필요합니다. 당신은 단지 또 다른 인간을 대하고 있는 것이 아닙니다. 당신은 여러 힘들을 상대하고 있는 것입니다. 만약 어떤 힘이 특정 사람을 통해서 당신을 공격한다면, 그 사람을 탓하지 마세요. 당신이 영향력을 실어 주지 않는 이상 그 힘은 강하게 작용할 수 없습니다. 힘은 그 자체로는 아무런 영향력이 없기 때문입니다. 연습하기만 한다면 당신의 주의력을 마스터할 수 있습니다. 사람과 상황으로부터 주의를 돌리고, 당신의 상위자아와 하나가 되어 마스터로 거듭나세요. 다른 방법은 없습니다. 이 규칙을 따라 스스로를 마스터하여 당신의 세계에서 완전함을 성취하거나, 지속되는 불행에 대한 저항력이 가장 약한 길을 지금까지의 습관처럼 계속해 걸어가세요.

내면의 I AM에 대한 명상을 통해 당신은 다른 사람들이 쏟아내는 파괴적인 힘으로부터 자동으로 당신을 보호하는 힘의 장(場)을 만들어 낼 수 있습니다. 부정적인 일이 일어나는 것을 목격할 때마다 완전함을 통해 주의를 환기하세요. 그렇게 하면 당신은 부정적인 에너지를 증폭시키지 않으면서 완전함만을 내보낼 수 있습니다. 당신이 내보내는 것은 결국 당신에게로 돌아와 당신의 세계에 형상화될 것입니다.

"누군가에게 당신의 마음 한 조각을 주고 싶은" 욕망이 생길 때마다 이것을 기억하세요. 그 누군가에게 마음을 쓰는 대신, 당신의 주의를 내면으로 돌려 I AM 현존을 부르고, 당신을 통해 I AM 현존이 그 힘을 불사르도록 하세요. I AM 현존의 힘이 당신을 괴롭히는 사람, 상황, 그리고 세계를 관통해 활활 타오르도록 하세요.

자기 합리화

한 사람의 발전에 있어 큰 걸림돌 중 하나는 자기 합리화, 즉 삶을 부정직하게 대하는 행위입니다. 아, 마스터의 귀중한 학생이면서도 이 법칙에 무지한 이들이 얼마나 많은지요. 이들은 실수하거나 자신이 잘못했음을 깨달았을 때 즉각 자신이 한 일을 합리화합니다.

사람이 삶에 대해 배울 것이 남아 있다는 사실이, 삶을 완전한 상태로 끌어올릴 수 있다는 사실이 놀랍지 않나요? 당신이 작은 실수를 저지르거나 생명의 법칙에 어긋나는 행동을 했다면, 기뻐하세요. 그리고 당신의 행동을 변명하려 하지 마세요. 당신이 법칙을 안다는 사실, 법칙에 순종할 줄 안다는 사실, 그리고 용서의 불꽃인 강렬한 바이올렛 불꽃을 부를 수 있다는 사실에 기뻐하세요. 그런 다음 기뻐하며 당신의 길을 마저 걸어가세요. 절대 "만약 이러이러한 상황이 아니었다면 이런 실수는 절대 일어나지 않았을 것"이라고 말하지 마세요. 물론 그 실수는 일어나지 않았겠지만, 그건 당신과 아무런 상관이 없습니다. 당신의 의무는 당신의 세계를 완전하게 만드는 것이고, 당신의 실수를 합리화하려고 하는 한 절대 당신의 세계를 완성하지 못할 것입니다. 자신이 실수할 수 있다는 사실을 부정하고자 하는 인간의 욕망이 바로 그들이 계속해서 실수를 범하도록 하는 요인 중 하나입니다.

당신이 물리적인 옥타브에서 살아가는 이상 실수는 언제든지 발생할 수 있다는 사실을 인정해야 합니다. 진정한 완전함은 빛의 옥타브에서 달성할 수 있는 상승 상태에서만 존재합니다. 따라서 인간이 얼마만큼의 깨우침을 얻었는지는 중요하지 않습니다. 개인의 의식이 외부 세계에 집중하는 동안에는 실수가 발생할 것입니다. 이 사실을 깨달으면, 어떤 사람이든 간에 자신이 실수할 리 없다고 스스로를 속이는 것이 얼마나 우스운 일인지 쉽게 알아차릴 수 있습니다. 하지만 사람들은 계속해서 이런 착각을 합니다. 당신은 자신의 발전을 가치 있게 여기므로, 스스로와 삶에 솔직해지세요!

빛의 곁에 서 있는 사람은 무엇이든지 할 수 있습니다. 당신을 가로막고 있는 것은 당신 자신뿐이라는 사실을 모르겠나요? 다른 장애물은 존재하지 않습니다. 당신은 I AM 현존으로서 완전한 권위를 가지고 있습니다. 그러니 그 권위를 받아들이고, 지배의 주권을 당신의 손안에 단단히 쥐고, 당신 안의 인간에게 순종하라고 명령하세요. 이렇게 말하세요.

"멈추어라. 그리고 I AM이 마스터임을 알라."

당신이 충분히 사랑할 때 모든 것을 성취할 수 있음을 깨닫는 것은 참으로 황홀한 일입니다. 그리고 사랑과 경배가 생명의 원천인 현존에, 그다음으로 모든 생명체에게 쏟아질 때 우주의 문은 드넓게 열리며 당신은 완전한 보호 아래 당신이 원하는 그 어떤 곳으로도 여행할 수 있습니다.

하나의 법칙

하나의 법칙은 곧 사랑의 법칙입니다. 앞으로 나아갈 때, 시간이나 공간은 존재하지 않는다는 사실이 보이지 않나요? 지금 이 순간 우리는 사실 사람들이 미래라고 부르는 시간 안에서 경험하는 것을 경험하고 있습니다. 우리가 지금 여기 함께 모인 것처럼,

인류 전부가 모이는 날이 올 것입니다. 시간이라는 것은 존재하지 않기 때문에, 실제로 존재하는 것은 오로지 현재뿐입니다. 저 날이 이 날이고, 이 날은 저 날 속으로 확장할 수 있습니다. 당신이 이 말의 의미를 완전히 이해하게 되었을 때 당신은 모든 것의 하나 됨을 이해할 수 있을 것입니다. 당신은 생명은 확장하는 것임을 알게 될 것입니다. 생명은 사방으로 뻗어 나가는 불꽃입니다. 빛의 조각(The Spark)은 그 불꽃의 현현이고, 그 불꽃은 완전한 상태 안에서 영원히 확장하는 생명입니다. 당신이 이 빛의 조각(The Spark)과 불꽃이 하나라는 사실을 깨달으면, 당신은 위대한 생명의 불꽃과 당신 사이의 관계를 알게 될 것입니다. 또한 서로를 모두가 돌아가게 될 하나의 불꽃에서 파생된 빛의 조각들(Sparks)로 보게 될 것입니다.

봉사

어떤 행동에 대해 논의할 때, 한계가 명확한 인간의 의식은 완전히 배제한 후, 신적 현존에 당신이 어떻게 행동해야 가장 큰 봉사를 할 수 있을지 보여 달라고 요청해야 한다는 사실을 반드시 기억하세요. 봉사하는 것을 좌우명으로 삼으면 길이 열리고 멋진 일이 일어날 것입니다. 아무리 중요해 보이는 일이라도 당신과 당신이 타인에게 베풀 수 있는 봉사 사이를 가로막지 못하게 해야 합니다. 그러나 당신이 어떤 사람에게 자립하는 법까지 가르칠 것이 아니라면 그 사람을 도와서는 안 된다는 점을 항상 명심하세요.

인간은 위대한 생명의 현존의 완전한 계획보다 못한 것은 그 무엇도 받아들이지 않기로 결심해야 합니다. 그 완전함은 그 자체로 분명하여 누가 보아도 알 수 있습니다. 인간의 이해력의 불완전함 또한 그렇습니다. 당신이 가진 인간의 이해력을 생명의 완전성으로 끌어올리는 유일한 방법은 인간의 환상이 녹아내리고 이해력이 신성의 영역에 이를 때까지 진동 주파수를 높이는 것입니다. 이것은 단순한 명상 과정이지만, 실질적인 효과가 있으려면 수년간의 연습을 필요로 합니다. 그러나 당신이 진심으로 임한다면, 이 과정은 마스터리의 길에서 진전을 이루려는 모두에게 필수적입니다.

기억하세요. 당신은 위대한 자들을 위해 봉사하고 있으며, 생명 그 자체를 위해 봉사하고 있습니다. 다른 사람을 위해 봉사하는 일을 등한시하지 마세요. 진정한 봉사는 어떤 형태로 이루어지든 간에 I AM 현존에 대한 봉사입니다. 그러므로 당신이 다른 사람을 위해 봉사하는 것은 곧 신을 위해 봉사하는 것입니다. 먼저 I AM 현존에게 당신의 사랑을 쏟아부으세요. 그런 다음 어느 곳이든 간에 당신이 발견한 생명의 현존에게 사랑을 쏟아부으세요. 사랑하는 여러분, 봉사는 사랑입니다. 사랑은 곧 생명의 본질이기 때문입니다. 시간을 내어 사랑하세요.

빛 가운데 있는 다른 형제나 자매를 돕기 위해 손을 뻗을 때마다 당신은 봉사를 하는 것이고, 당신이 봉사를 할 때면 당신의 의식이 확장됩니다. 당신이 타인을 도울 때마다 당신은 더욱 큰 이해, 평화, 평정, 그리고 실력을 습득할 것입니다. 가슴 안에서 진심으로 생명, 위대한 I AM 현존, 그리고 상승 마스터들의 위대한 주인을 섬기는 이는 모든 인류를 돕게 되고, 그리하여 생명에 대한 그의 빚을 갚을 수 있게 됩니다.

어떤 경우에도 다른 사람에게 의지해야만 한다고 느끼지 마세요. 당신의 심장을 뛰게 하는 빛은 신의 무한한 힘, 즉 당신을 신적 불꽃의 빛나는 존재로 만들어 줄 I AM이기 때문입니다.

당신의 바람이 빛을 섬기고 인류를 섬기는 것이고, 오로지 그것만이 당신의 목적이라면, 당신은 참으로 운이 좋은 것이며 그 어떤 것도 당신을 해칠 수 없습니다. 그러나 당신이 알지 못하는 다른 바람이 단 하나라도 있다면, 당신의 바람은 울분으로 변할 것이고, 당신이 바라는 바로 그것을 빼앗길 것이라고 단도직입적으로 말하겠습니다. 이 다른 바람에는 타인을 희생하여 이득을 취하고자 하는 숨은 욕망, 다른 사람의 공을 차지하고자 하는 욕망, 이익, 힘, 권력을 가지고자 하는 욕망, 다른 사람의 발전에 대한 질투, 또는 여타의 이기적인 기질이 포함됩니다.

안내 게시물

우리가 인간의 형상을 입고 있는 매 순간은 인류를 위한 초월적인 봉사를 위해 사용될 수 있습니다. 당신은 이를 위해 설교를 하거나 기적을 행할 필요는 없습니다. 당신이 해야 하는 일은 오로지 법칙에 따라 살아가고, 다른 사람들도 당신처럼 살아가고 싶어질 만큼 아름답게 살아 내는 것뿐입니다.

나는 당신이 행하는 모든 이타적이고 아름다운 행동에 나의 사랑을 끝없이 쏟아부을 것입니다. 하지만 당신이 지속적으로 가치 없는 사소한 것들에 집중하느라 에너지를 낭비하고, 다른 사람들과 논쟁하고, 서로의 단점만을 본다면 나는 당신을 도울 수 없습니다. 나는 나와 가깝다고 느끼는 사람들, 나를 사랑하는 사람들, 그리고 내가 그들 안에 있는 I AM 현존임을 깨달은 사람들을 돕습니다.

당신이 내가 실재하는지 아닌지 알든 모르든 간에 나의 말들은 사실입니다. 그러니 나의 말에 주의를 기울이고, 당신의 마음을 침묵시키는 법을 배우세요. 모든 것들에게 끊이지 않는 사랑의 흐름을 쏟아붓고, 서로 조화를 이루며 평화롭게 살아가는 법을 배우세요. 그렇게 하면 당신의 빛나는 품속으로 들어오는 모든 이들이 당신의 사랑을 받아들이고 당신과 조력하여 새로운 황금시대를 불러올 것입니다.

이 법칙이 진실이라는 것을 깨닫기 위해 기적은 필요하지 않습니다. 당신 자신이 곧 기적이며, 이 위대한 진리들은 당신이 걸어가는 삶의 길에 세워진 이정표입니다. 당신은 이미 마스터리로 향하는 이 위대한 길, 즉 영원한 빛의 영역으로 향하는 장대한 고속도로에 들어섰는데, 당신의 주의가 외부 환경에 사로잡혀 있도록 허락할 이유가 있나요? 독사를 내쫓듯이 환상을 추방하고, 당신의 현존으로 주의를 돌리세요. 당신의 마음에 들어오는 현존의 축복을 받아들여서 당신의 세계를 빛으로 가득 채우세요. 이중성을 비롯한 모든 인간적인 한계를 거부하세요. 육체와 정신의 완전한 마스터리를 창조하세요. 당신의 가슴에서 쏟아져 나오는 신적 사랑을 통해 모든 것에게 신적 질서에 부응하라고 지시하세요.

당신이 하기로 마음먹은 일들은 완벽하게 해내세요. 당신이 스스로가 신의 일부라는 것을 아는 만큼, 당신은 신께서는 사소한 일에 관여하지 않는다는 것을 알고 있을 것입니다. 신적 존재로서 책임을 받아들이세요. 당신이 가지는 책임을 받아들여야만 발전할 수 있습니다. 지혜 안에서 받아들인 책임은 그 책임을 받아들인 사람의 빛을 확장합니다.

당신은 창조주이며, 신의 형상과 닮은 모습으로 태어났다는 것을 기억하세요. 당신이 살아갈 수밖에 없는 것처럼, 당신은 창조할 수밖에 없습니다. 당신은 곧 삶이고, 당신의 삶은 곧 창조의 힘입니다. 이 사실에 대해 숙고하세요. 그리고 전에 없이 행동하세요. 기회가 눈앞에 열리기를 기다리며 뒤로 물러나 있지 말고, I AM 현존을 부르며 전진하세요.

생명의 위대한 법칙은 정의의 법칙임과 동시에 변치 않고 온 지구를 지배하는 균형의 법칙이기도 합니다. 그리고 그 법칙은 당신이 당신의 환상을 정복하고, 혼자만의 힘으로 똑바로 일어서고, 당신의 현존이 가진 위대하게 타오르는 불꽃을 마주해야 한다고 명했습니다.

Chapter 2 모든 것은 하나입니다

엘 모리아

 빛의 길을 추구하는 사람이 밟아야 하는 첫 번째 단계이자 가장 중요한 단계는 하나 됨을 이해하는 것입니다. 형상화되지 않았거나 형상화된 모든 것들은 의식입니다. 모든 것이 의식이라는 사실을 깨달으면, 당신의 내면에 있는 생명의 불꽃과 접촉함으로써 당신은 모든 창조물에 영향을 미칠 수 있습니다. 어딘가에서 일어나는 행동이나 생각은 또 다른 어딘가에서 동일한 작용을 일으킵니다. 이는 내적인 영역에서와 마찬가지로 외부의 물리적인 영역에도 적용됩니다. 인류는 이처럼 원인과 결과, 작용과 반작용의 법칙에 지배받습니다.

 이 사실에 대해 깊이 생각해 본 다음 당신의 모든 행동, 생각, 감정, 그리고 언어에 대한 책임을 받아들이세요. 당신이 빛을 쏟아 내는 다정함의 태양이 된다면, 당신이 내보내는 사랑은 위대한 축복이 되어 당신에게 되돌아올 것입니다. 반면 당신이 불친절한 행동을 하거나, 비판적이고 불친절한 생각과 감정을 품는다면, 그에 대한 결과가 당신에게 되돌아올 것입니다.

사랑, 빛, 신, 그리고 I AM이 하나라는 것에 대한 이해가 당신이 발전하여 마스터가 되는 것을 가능하게 할 것입니다. 당신이 자신의 내면을 들여다보고 당신 내면의 의식이 깨어나는 순간, 당신은 외적인 세계를 떠나 당신의 생각을 형상화할 수 있는 현실의 영역으로 진입하게 될 것입니다.

첫 번째 단계는 침묵하고 I AM이 신이라는 사실을 아는 것입니다. 당신은 오직 침묵 속에서만 당신의 관심을 내면으로 돌릴 수 있습니다. 이렇게 하면, 그 고요한 명상 속에서 I AM 현존과의 접촉이 이루어질 것입니다. 이 접촉을 다른 사람으로부터 얻을 수는 없습니다. 그 접촉은 오로지 당신 자신의 위대한 신적 자아가 가진 빛에 대한 당신의 열망으로부터 옵니다. 당신은 이 빛을 당신의 안에서, 그리고 당신의 상위에서 찾을 수 있습니다. 당신이 이 내적 출입문에 대해 충분히 명상한다면, 당신은 당신 자신의 위대한 신적 현존, 즉 위대한 I AM을 목격하고, 상승 마스터들이 당신에게 보내고 있는 도움을 인식하게 될 것입니다.

신성한 사랑이 최대한의 힘으로 흘러나오는 가운데 당신의 의식 속 평온함에 거하는 것이 바로 마스터리입니다. 이 의식을 유지하는 것이 당신을 상승 상태로 데려다줄 것입니다. 당신이 자유를 얻었다 할지라도, 당신 자신의 성취로 이를 얻기 전까지 당신은 마스터가 아닙니다.

이 세상에 생명이 태어나는 것은 의식을 확장하기 위함입니다. 의식의 확장은 가장 먼저 내면의 신적 불꽃의 사랑으로부터 시작되고, 그다음 만물 안의 신적 불꽃에 대한 사랑으로 이어집니다. 사실 이 두 가지 사랑은 같은 것입니다. 모든 것은 하나이기 때문입니다. 우주의 모든 물질은 의식이거나 빛이고, 이 빛의 의식은 엄청난 힘의 흐름으로 "I AM"이라고 말하는 모든 사람을 향해 움직입니다. "I"라고 말하는 것은 당신 자신의 개별성을 인식하는 것이고, 당신이 현존한다는 사실을 인식하는 것이고, 그 현존이 존재하는 공간을 인식하는 것입니다. 그리고 "I AM"이라고 말하는 것은 당신의 의지에 따라 빛과 의식의 완전한 힘을 우주로 쏟아 내는 것입니다.

질서와 균형은 우주의 법칙입니다. 질서와 균형을 언제라도 드러낼 수 있는 방법을 배우세요. 이는 상승 마스터들이 당신과 함께, 그리고 당신을 통해 일할 수 있는 유일한 방법입니다. 당신이 뛰어난 재능을 가지고 있더라도, 마스터리를 이루어 내기 위해서는 늘 질서와 균형을 유지해야 합니다.

다른 사람에게서 불완전함을 찾는 것은 당신이 자신의 목표에 도달하지 못했음을 보여 주는 것입니다. 모든 사람은 타인에게서 그의 완전함을 발견할 의무를 가집니다. 당신의 외적인 모습은 당신의 안에 완전함이 있음을 부정할 수도 있지만, 당신의 의식이 확장하면 당신은 완전함을 보게 될 것입니다. 이 확장된 의식을 성취하는 일은 당신에게 달려 있습니다.

당신이 베풀 수 있는 가장 큰 축복 중 하나는 I AM 현존을 불러 어떤 사람, 장소, 상태, 또는 사물에 완전함을 쏟아 내도록 하는 것입니다. 당신이 이를 볼 수 있는지는 중요하지 않습니다. 완전함에 대한 내적 의식이 높아지면, 불완전함에 대한 의식은 사그라듭니다. 어둠을 파괴할 필요는 없습니다. 빛이 충분하면, 어둠은 사라집니다. 그러므로 절대 타인에게서 불완전함을 보지 마세요. 불완전함에 대한 대화는 다정하게 이루어지는 것이 아니라면 결코 건설적이지 못합니다. 지인들의 무능함, 결점, 그리고 실패를 논하는 것은 그것들이 더욱 심해지게 만들 뿐만 아니라 그 성질들을 당신의 안으로 끌어들입니다. 오로지 빛만을 바라보고, 빛의 행동을 확장하세요. I AM을 알고, 느끼고, 그 안에서 살고, I AM 의식으로 거듭나는 것은 영원한 자유로 향하는 문을 여는 일입니다.

마스터들은 에너지를 발산하고 그들의 학생들에게 의식을 집중합니다. 학생이 혼란이나 감정적인 격변을 겪더라도, 마스터의 에너지는 몇 번이고 찾아옵니다. 인류의 형제와 자매인 우리는 당신을 섬기는 일에 있어 절대 지치지 않습니다. 우리는 참을성 있고, 다정하며, 너그럽습니다. 영원히 실패한다는 것은 불가능합니다. 실패에 가까워지는 유일한 순간은 어떤 사람이 의도적으로 노력하기를 거부할 때뿐입니다.

이 지구상에서 지쳐 있고 혼란스러워하는 아이들에게 완전한 균형, 완전한 빛, 완전한 이해, 그리고 상승 마스터의 활동을 가져다주는 것이 우리의 소임이기 때문에 나는 그 아이들이 나의 이야기를 전달받기를 바랍니다. I AM은 모든 형상 안에 깃든 생명입니다. I AM을 느낄 수 있다는 것은 삶에 대해 당신이 가지는 책임을 받아들이는 것입니다. 당신이 이 책임을 기쁨 속에 받아들일 때, 당신은 "더욱 풍요로운 삶"이라고 불리는 삶을 살게 될 것입니다.

고요한 상태로 진입해 당신의 내면으로 주의를 돌리세요. 당신의 존재와 세계를 채우고 있는 빛을 느껴 보세요. 이제 당신의 주의를 상위로 돌리고 그 빛의 근원인 무한한 I AM 현존을 인식하세요. 주기적으로 이 연습을 하면 당신은 환상에서 깨어날 뿐만 아니라 만나는 모든 사람들에게 위대한 사랑을 발산하게 될 것입니다.

오, 영광스럽고, 위대하고, 변치 않으며, 영원한 자, 꺼지지 않는 불꽃인 당신, 찬란히 빛나는 태양인 당신, 당신의 예리하고 꿰뚫는 힘의 광선을 통해 삶에 대한 이해를 발산해 주세요. 그 광선이 모든 사람의 마음, 느낌, 그리고 세계를 관통할 수 있도록 쏟아 내어 주세요. 인류가 존속하기 위해서는 I AM을 알고 선언해야 합니다.

Chapter 3　사람—빛의 광선

쿠투미

　창조의 근원인 위대한 중심 태양(Great Central Sun)에서 빛의 광선이 흘러나옵니다. 이 광선은 우주에서 밀집된 사랑으로 형상화한 후에 두 개의 광선으로 나누어집니다. 이 두 광선은 앞으로, 또 밖으로 타오르다가 남성과 여성의 육체를 형성합니다. 빛의 광선은 사랑 안에서 태어났고, 사랑 안에서 살아가고, 진정한 사랑을 표출한 후에, 시간이 지나면 충만함으로 되돌아갑니다. 따라서 이 행성의 모든 사람은 오직 하나이신 신의 자녀이자 광선으로부터 태어난 존재입니다. 그 광선은 활동하는 사랑이고, 사람은 이 광선에 의지해 모든 세속적인 경험을 헤쳐 나가게 됩니다. 모든 사람은 단 한 순간도 그들의 근원으로부터 독립적으로 존재할 수 없습니다. 모든 사람은 광선으로서 그들이 유래한 타오르는 중심 근원으로부터 떨어질 수 없기 때문입니다.

　의식 속으로 들어가며:

나는(I AM) 모든 것입니다. 당신은 내가(I AM) 형상화한 모든 것일 뿐만 아니라 형상화하지 않은 모든 것이기도 하다는 사실을 봅니다. 나는(I AM) 내가 되고자 하는 모든 것입니다. 나는(I AM) 나 자체로서(I AM) 모든 것입니다. 나는(I AM) 위대한 중심 태양과 하나입니다. 나는(I AM) 신의 가슴으로부터 나오는 광선입니다. 나는(I AM) 완전하고 조화롭게 활동하는 나의 마음, 몸, 그리고 느낌입니다. 사랑, 지혜, 힘에는 오직 하나의 근원이 있고, 그 유일한 근원은 바로 나(I AM)입니다.

사랑은 온 우주에 끊임없이 나타나고 있습니다. 사랑은 모든 것을 창조하는 힘이고, 창조한 모든 것을 유지하는 힘이며, 동시에 모든 것을 소멸시키는 힘입니다. 사랑은 모든 것들의 본질적인 구성 물질인 진동 그 자체입니다. 당신은 사랑에 대한 완전한 이해 안에서 I AM이 모든 것임을 알게 될 것입니다. 그 무한한 의식 속에서 당신은 상승 상태로 올라섭니다.

우리는 인류로부터 진화했기 때문에, 인류와 우리 사이에는 큰 차이가 없습니다. 만약 어떤 사람이 제한된 의식에 지속적으로 갇혀 있다면, 그는 선과 악으로 나누어진 세계와 같이 제한적인 것들만 볼 수 있을 것입니다. 만약 그 사람이 무한한 의식을 성취한다면, 그는 I AM의 가슴속에 들어가 신성한 질서로 형상화하는 모든 것들을 보게 될 것입니다.

신 이외의 다른 힘을 받아들이는 것은 외적인 것들에 힘을 부여하는 것입니다. 어떤 사람이 불완전해 보이는 행동을 하거나 불완전하게 들리는 말을 하는 모습을 보게 되면, 그 외적인 모습을 받아들이지 말고 오직 신, 즉 I AM만이 활동하고 있음을 알아차리세요. 하나의 법칙(Law of the One)은 우주를 탄생시킨 법칙이고, 그 법칙은 우주를 계속해서 확장할 것입니다. 그 법칙은 바로 이것입니다: 오직 하나의 힘이 있으며, 그 힘은 사랑입니다.

이 사랑을 행동으로 실천하기 위해서는 사랑의 감정을 빛의 광선으로 당신의 앞에 내보내세요. 그렇게 하면 당신은 어떠한 부정적인 모습에도 영향을 받지 않은 채 자유롭게 외부 세계를 누빌 수 있을 것입니다. 사랑을 통해 그 어떤 것이든 이룰 수 있습니다. 사랑하는 자녀 여러분, 인류 역사상 그 어느 때보다 현재에 더 많은 사랑을 쏟아 내야 합니다. 판단이나 비판이 아니라, 판단 없이 앞으로 흘러가는 사랑의 쏟아부음이 필요합니다. 사랑이 그저 앞으로 흐르며 축복하도록 말입니다. 충만한 사랑만이 현재의 혼란으로부터 인류를 구할 수 있는 유일한 힘입니다. 영원한 진보는 오직 이 사랑이 모두의 안에 자리 잡을 때 도래할 것입니다.

당신은 하나(One)에 관해 이야기하는 사람들의 인격이 아니라 하나에 집중해야 합니다. 진리는 보편적이고 어린아이들이나 나이 들어 보이는 사람들의 말을 통해서도 드러날 수 있습니다. 이는 시공간의 기류 사이로 인류를 인도해 온, 모든 시대에 통용되는 진리입니다. 모든 것은 의식입니다. 모든 형상은 I AM의 의식적인 활동의 결과물입니다. 이 진리는 어느 한 집단, 종파, 또는 민족의 것이 아닙니다. 이 진리는 모든 사람의 것입니다. 그리고 이 진리는 각각의 사람들이 가진 내면의 이해도에 따라 드러납니다.

하나의 법칙이 잊히고, 당신의 관심이 불안정하고 종잡을 수 없는 모래와도 같은 물질성을 가진 외부 세계로 옮겨 가면, 이른바 카르마(karma)가 활동을 개시합니다. 카르마 역시 사랑의 활동이지만, 카르마는 무지함이 사라져서 지혜가 나타날 때까지 고통스러운 순환을 일으킵니다. 오직 하나의 의식(One Consciousness)의 충만함 속으로 들어가는 것을 통해서만 사람 또는 국가는 새로운 탄생 이전에 오는 파멸에서 벗어날 수 있습니다. 바로 그 새로운 탄생이 다가오고 있습니다. 충분히 많은 수의 사람이 외부를 바라보기를 멈추고 그 대신 위대한 침묵의 고요 속으로 진입한다면, 어둠에서 빛으로의 전환이 천천히 꽃잎을 펼치는 장미의 조용한 아름다움처럼 일어날 것입니다.

당신은 어디에서나 사람들이 어떠한 것들에 대해 분개하는 모습, 무언가를 위해서 싸우고 무언가에 맞서 싸우는 모습을 목격할 수 있습니다. 하지만 이것은 생명의 법칙이 아닙니다. 생명의 법칙은 사랑이기 때문입니다. 모든 것은 사랑을 담고 있기 때문에, 한 사람이 다른 사람에게 등을 돌리게 만드는 일은 사랑의 일부가 아닙니다. 그 어떤 사람에게도 타인이 무슨 일을 해야 할지 명령할 권리는 없습니다. 새로운 질서를 수립하는 일은 오직 사랑의 힘만이 통치할 수 있습니다. 이 힘은 올바르게 드러난다면 사람을 그의 근원으로 돌려보낼 것입니다.

세인트 저메인이 선보인 I AM 교육은 확장되어야만 합니다. 이 확장은 오직 하나 됨, 즉 활동하는 신성한 사랑의 충만함에 진입하는 것을 통해서만 이루어질 수 있습니다. I AM은 위대한 중심 태양에서 흘러나오는 첫 번째 광선입니다. 이 광선은 두 갈래로 나뉘었지만, 사실 이 둘은 분리되지 않았습니다. 사랑을 드러내기 위해서 분리된 모습이 나타난 것이고, 이 둘은 결국 다시 하나로 합쳐질 것입니다.

사랑은 성장과 확장입니다. 낡은 것에서 벗어나 새로운 것으로 진입하기 위해 한 사람이 끊임없이 빛을 쏟아 내는 것을 하는 것입니다. 개인, 종교, 그리고 단체들은 그들만이 인류에게 옳은 길 또는 지식을 가지고 있다는 기분을 버려야 합니다. 나의 위치에서 나는 모든 나라의 종교와 철학의 활동을 보아 왔습니다. 또한 나는 사람들이 자신의 신성을 받아들이고, 우주의 질서 속 그들의 보잘것없는 위치를 깨닫기를 얼마나 꺼려 하는지를 보아 왔습니다. 사람들은 익숙한 것들에서 벗어나기를 좋아하지 않습니다. 그러나 내면의 빛은 그들이 확장하기를, 더욱 큰 이해를 향해 나아가기를, 그리고 새롭고 더 영광스러운 것들을 가져와 자신과 다른 사람들을 축복하기를 종용합니다.

의식의 경계를 따라 울타리를 치는 것은 불가능합니다. 이것이 가능해지려면 두 가지 힘이 작용해야 하는데, 현실에는 오직 하나의 힘(One Force)만이 존재합니다. 그 하나의 힘은 사랑입니다. 그 하나의 힘으로부터 모든 것이 나오고, 그 하나 됨으로 모든 것이 되돌아갑니다. 이 의식을 유지하고 그 어떠한 존재, 힘, 의견도 닫을 수 없는 열린 문으로 걸어 들어가세요.

정부, 교회, 학교, 조직, 그리고 모든 종류의 가르침은 작금의 새로운 황금시대의 빛의 확장 앞에 고개를 숙여야 합니다. 그 빛은 위대하고, 자신과 반대되는 것을 알지 못하며, 자신만을 인정하고, 이 새로운 황금시대에 빛을 가진 사람은 강렬하게 타오르는 봉화처럼 걸어갑니다. 사람들이 무슨 말을 하든 간에, 그 사람은 논쟁하지 않고, 어느 한쪽의 편을 들지도 않으며 언제나 앞으로 나아갑니다. 개개인의 마스터 그리스도(Master Christ)는 이 원성을 인정하거나 누군가의 편을 들지 않습니다. 마스터 그리스도는 언제나 하나를 보고, 모든 문제를 의식을 확장할 기회로 여깁니다.

내면의 마스터 마인드(Master Mind)는 '이 사람이 나를 좌절시켰다'거나 '그 상황은 바뀌어야만 한다'고 말하지 않습니다. 대신 그 높은 의식(Higher Consciousness)은 오직 하나인 진실된 삶의 원리(One True Principle of Life)인 I AM을 관찰합니다. 오직 그 하나만을 바라보면, 모든 상황과 모든 사람이 바로 사랑의 더 큰 확장을 향해 가는 열린 문입니다.

많은 사람들은 그 사랑이 감각과 감정의 속성이라고 생각하기 때문에 사랑을 쏟아 내는 방법을 알지 못합니다. 신성한 사랑은 모든 것을 아우르는 창조의 불꽃이고, 생명의 불꽃이며, 모든 사람의 안에 있는, 연료를 공급받지 못한 불씨입니다. 이 불씨는 내면과 상위, 즉 타오르는 신적 현존인 I AM으로 주의를 돌리면 맹렬히 타오르는 큰불로 불붙을 수 있습니다. 그 현존은 사랑이고, 모든 사랑의 가슴을 통해서만 더 많은 사랑이 나타날 수 있습니다.

어떤 것을 형상화하기 위해서는 멈추어서 내면의 하나를 인식하세요. 그리고 이 사실을 깨달으세요.

나는(I AM) 내가 열망하는 이미지에 활력을 불어넣는 빛의 광선입니다.
I AM a Ray of Light energizing the image of what I desire.

이 이미지를 당신의 의식 속에 유지한 상태로, 당신의 느낌으로부터 또 다른 빛의 광선을 불러내어 당신이 유지하고 있는 정신적인 이미지에 쏟아부으세요. 당신의 신적 자아로부터 나오는 전류의 흐름을 지휘해 당신이 열망하는 것을 창조하세요.

창조하려면 열망이 있어야 합니다. 열망하는 마음을 통해 성장이 이루어지기 때문입니다. 열망 없이는 아무것도 존재하지 않습니다. 열망하는 마음을 잃고 있다고 주장하는 사람은 스스로를 파괴하고 있는 것입니다. 그러나 열망에 굴복하는 사람 역시 스스로를 파괴하고 있는 것입니다. 열망은 정신과 느낌의 세계가 결합하여 일어나는 활동으로, 언제나 분명하고 정확한 결과를 불러옵니다. 신성한 사랑의 하나 됨(Oneness of Divine Love) 속으로 열망을 끌어 올리는 것은 오직 하나의 목적을 위해 살아가는 것입니다. 이 목적은 먼저 신적 자아를 섬기고, 당신의 신적 자아의 다른 모든 부분을 섬기는 것입니다. 신적 자아가 현재 취하고 있는 그 어떤 일시적인 형상에도 상관없이 섬겨야 합니다.

오직 자신만을 위한 것들을 열망하는 것은 자신과 타인이라는 두 가지 힘을 만들어 내는 것입니다. 섬기고자 하는 열망에 있어 당신은 자기 자신을 내려놓음으로써 이타적인 사람이 되어야 합니다. 당신에게 타인을 희생해 이득을 취하고자 하는 열망이 조금이라도 남아 있다면, 당신이 이기적인 정도만큼 당신의 봉사는 성공하지 못할 것입니다. 당신은 타인보다 자신의 이익을 우선시 하게 만드는 모든 열망을 뿌리 뽑아야 합니다. I AM 현존의 하나 됨 속으로 들어가는 명상에 진입하여 이해의 폭을 넓히세요. 그렇게 하면 당신은 모든 것과 하나가 될 것입니다. 당신 자신을 우선시하지 않고 봉사할 수 있게 되는 것입니다. 당신이 이타적이게 될수록, 당신은 활동하는 I AM이 되어 가고 있는 것입니다. 아래 문장들의 뜻을 온전히 알고, 명상하며 여러 차례 확언하세요.

나는 빛입니다! 빛! 빛!
I AM Light! Light! Light!

나는 사랑입니다! 사랑! 사랑!
I AM Love! Love! Love!

나는 신입니다! 신! 신!
I AM God! God! God!

나는(I AM) I AM인 그것이고 I AM 그 자체입니다!
I AM that I AM that I AM!

살아가는 것은 베푸는 것입니다. 가치 있게 베풀기 위해서 당신은 자기 자신이 존재하지 않도록 스스로를 단련해야 합니다.

베푸는 모든 행위 안에 오직 위대한 I AM만이 존재해야 합니다. 이타적으로 베푸는 것이 영원한 삶의 열쇠입니다.

창조의 찬가 I AM을 부르며 나아가세요. I AM이 되세요. 다른 사람을 통제하려 하지 말고, 신적 존재들(God Beings)로 이루어진 새로운 민족의 일원이 되기 위해 내면에 집중하세요. 당신이라는 존재의 진실이 당신을 자유롭게 만들 수 있도록 모든 인간적인 것들을 제쳐 두세요. 당신이 하고 있는 일에 기뻐하고 사랑을 쏟아부으세요. 그 사랑이 당신의 앞길을 터 줄 것입니다. 사랑은 창조의 힘이기 때문입니다.

오! 영원히 존재하는 생명의 살아 있는 본질, 신성한 그리스도인 당신, 모든 개별화된 신적 불꽃의 I AM 법칙이여, 우리는 겸손히 당신의 하나 됨과 당신이 활동하는 빛으로서 가지는 위대한 힘을 인정합니다. 당신은 모든 것을 내포한 모든 것(All in All)이기 때문에, 우리는 순종적으로 당신만을 받아들입니다. 당신의 무수히 많은 전능한 사랑의 광선으로 인류를 둘러싸고, 모든 사람을 당신의 하나 됨 속으로 일으켜 주소서.

Chapter 4 창조의 불꽃

세인트 저메인

　과거에도 나와 함께했고, 현재에 다시 나의 제자가 된 사랑하는 여러분, 내가 인류를 위해 가져온 이 활동은 수천 년 전과 똑같은 것이고, 앞으로도 계속 같을 것이라는 사실을 이해하기를 바랍니다. 이 가르침은 우주적일 뿐만 아니라 실용적이고, 진실되게 수행된다면 실질적인 결과를 가져올 것입니다. 바로 당신의 I AM 현존을 기억하고 그것이 당신의 육체적인 몸의 위에 위치한다는 사실을 기억하는 것이 중요한 이유입니다. 그러나 현존으로 향하는 출입문은 당신의 가슴 안에 있습니다. 이 사실을 인식하고 있는 것만으로도 당신은 주변 사람들에게 크게 봉사하고 있는 것입니다.

　이 가르침은 지구의 아이들의 진동 활동과 의식을 높여 지금 그들의 앞에 펼쳐지는 새로운 문명에 대비시킨다는 구체적인 목적을 이루기 위해 그들에게 전해졌습니다.

나의 활동은 종교와는 아무런 관련이 없으나, 인류의 영적인 이해와는 관련이 있습니다. 당신의 마음을 고요하게 하고 진정한 당신인 I AM 현존의 의식, 즉 당신으로 개별화된 활동하는 신의 근원을 받아들이는 일보다 중요한 것은 없습니다.

축복받은 여러분, 당신의 에너지의 최소 4분의 3이 당신의 느낌과 감정*에 소모됩니다. 당신이 그것들을 진정시키는 법을 배우게 되면, 당신은 그것들로부터 해방된 에너지를 사용할 수 있게 될 것이고, 결과적으로 언제나 스스로를 보호할 수 있는 수단을 얻게 될 것입니다. 그러므로 현존에게 당신의 느낌을 조화롭게 만들고 그 상태로 유지해 달라고 요청하세요. 그렇게 하면 당신은 침착, 평화, 그리고 고요의 강력한 가속도를 수립하게 될 것입니다. 이 가속도는 금방 엄청나게 강해져서 그 어떤 사람이나 거슬리는 것도 당신이 평정을 잃게 만들지 못할 것입니다. 단 한순간도 말입니다.

당신의 느낌이 이미 상했고, 통제력을 되찾고 싶다면, 당신이 처한 상황에서 벗어나세요. 침착하고, 내면으로 주의를 돌려 당신의 I AM 현존에게 거슬리는 상황의 참모습을 빛(Illumination)으로 밝혀 달라고 요청하세요. 그리고 그 빛이 찾아오면 당신은 당

---

* 오역을 피하기 위해 원문의 'feeling'은 '느낌'으로 'emotion'은 '감정'으로 직역하였습니다.

신의 반응 뒤에 숨겨진 이유를 깨닫게 될 것입니다. 당신의 느낌들이 조화를 이루기 시작하면, 마음속으로 거슬리는 일이 일어났던 상황을 복기하고, 그 안에서 당신의 현존에게 완전한 이해를 요청하세요. 현존에게 모든 부정적인 감정적 패턴을 치워 달라고, 당신의 느낌을 조화롭게 해서 환상에 불과한 위협이 당신을 거슬리게 할 힘을 절대 다시 갖지 못하게 해 달라고 요청하세요.

감정을 정화하기 위해 노력하지 않으면, 당신은 감정의 영향력 아래 있게 될 것입니다. 느낌이 한번 에너지를 얻으면, 그 느낌을 불러일으킨 사건이 잊힌 후에도 며칠 동안 계속 영향력을 끼칠 것입니다. 당신의 기분이 아무렇지 않더라도, 당신의 느낌에 당신이 인지하지 못하는 무언가가 작용하고 있을 수 있습니다. 그러다가 2, 3일 전에 느낌에 거슬렸던 것이 갑작스러운 사고와 같은 일을 유발해 당신의 기분을 상하게 할 것입니다.

당신은 집중, 심상화, 자격 부여(qualification)라는 세 가지 자질(이 자질들을 통해 현현됩니다)을 완전히 숙달했을 때에만 상승 마스터 옥타브로 올라설 수 있습니다. 모든 사람은 자신의 I AM 현존이 활동하도록 만듦으로써 최고의 위치에서 자신의 세계를 다스릴 수 있게 됩니다. 그가 진심을 다하고 역동적으로 이를 적용한다면 그 어떤 사람, 상태, 혹은 물건도 그를 간섭할 수 없습니다.

당신은 오늘날 이 세상에서 가장 큰 파괴를 불러일으키고 있는 사람들은 현존의 빛을 사용하는 방법을 아직 배우지 못했고, 오히려 느낌에 지배받는 세계에서 감정을 사용하고 있는 이들이라는 사실을 알게 될 것입니다. 이것이 바로 사람들이 파괴를 일으키는 힘을 일시적으로 갖게 되는 이유입니다. 이러한 사람들은 신의 빛이 그들의 마음을 밝히기를 기다리지 않기 때문에, 강력한 힘을 가지고 작용하는 불쾌한 느낌의 악랄한 에너지를 쏟아냅니다. 그러므로 반드시 당신의 느낌을 다스려야 합니다.

기억하세요, 당신은 힘(forces)을 상대하고 있는 것입니다. 그러니 이 힘들의 영향력 아래에 있는 사람들에게 관대해지세요. 당신을 통해 작용해서 누군가를 화나게 한 힘은 그들을 통해 당신을 화나게 하기 위해 되돌아올 것입니다. 주변 사람들에게 어떤 영향을 미치는지 직접 보기 전에 자신을 통해 작용하는 힘을 인식하는 사람은 거의 없습니다. 사람들이 그들의 안으로 들어오도록 허용하는 이러한 다양한 힘에 영향을 받는 사람도 있고, 받지 않는 사람도 있습니다. 느낌이 한번 격해지면, 사람들은 계속해서 격해지면서 기세를 쌓아가고, 이 감정은 추진력을 얻어 점점 커지다가, 무언가 충격을 주어 정신을 차리도록 할 때에서야 멈춥니다. 같은 원리로, 우리는 인류가 정신 차리게 할 만한 충격을 줄 무언가가 등장하기 전까지 가치 없는 감정이 엄청나게 쌓여 고통받는 것을 봅니다. 당신이 어떤 사람이 당신의 느낌을 거슬리게 하도록 허락하는 이상, 당신은 절대 어떠한 단계 이상으로 나아가지 못할 것입니다.

당신이 I AM 현존이 활동을 개시하도록 그를 불러낼 때마다 마스터리로 향하는 길에 영구적으로 남을 한 걸음을 내딛는 것이라는 사실을 안다는 것만으로 당신은 축복받은 것입니다. 당신의 심장이 뛰게 하는 빛의 힘 가운데 기뻐하세요! 당신이 상승 마스터의 삶의 이상(Ascended Master Ideal of Life)을 받아들이면, 당신은 우리와 함께하게 된다는 사실을 아세요. 당신이 그 이상으로 향하는 길을 따라 걷기로 결심하면, 당신은 우리와 나란히 걷는 것입니다. 당신이 당신 현존의 완전한 영광을 받아들이면, 당신은 우리 중의 하나로 상승하게 됩니다.

인류가 하는 활동에 근심하지 마세요. I AM 현존은 우주의 유일한 힘이고, 그 앞에서 모든 것들은 반드시 질서를 되찾을 것이기 때문입니다. 그 어떤 순간에도 의심의 느낌이 당신의 느낌을 상하게 하도록 내버려둘 이유나 핑계를 찾지 마세요. 그 의심과 두려움을 침묵시키고 승리를 향해 나아가세요! 당신의 말과 행동을 다스리는 법을 배우세요! 악의 출현조차도 피하세요! 내면의 빛에 충실하면 그 빛이 당신을 보호할 것입니다. 파멸에 둘러싸여서도 당신은 손끝 하나 다치지 않고 걸어 나갈 수 있을 것입니다.

이 법칙을 당신 자신에게 적용할 뿐만 아니라 인류의 느낌을 고양하기 위해 사용하는 것이 당신의 의무입니다. 당신은 감정을 고양하고 조화롭게 만드는 것을 통해서만 무지를 통해 작용하는 파괴적인 힘과 통제되지 않는 느낌의 흐름을 끊을 수 있습니다. 당신을 통해 흐르는 I AM 현존의 지성이 고양하는 에너지를 지휘합니다. 당신의 가슴에서 흘러나오는 것은 감정이 아니라 사랑의 느낌입니다.

당신은 정신적인 부름만으로는 충분하지 않다는 사실을 금세 깨닫게 될 것입니다. 당신은 완전한 균형 상태에 있고, 편안한 마음을 가져야 합니다. 그런 다음 당신의 I AM 현존으로부터 백색광의 흐름을 쏟아 내세요. 현존은 그의 완벽한 작업을 수행하기 위해 에너지의 흐름이 그의 목적지로 향하도록 지휘할 것입니다.

사랑하는 여러분, 기억하세요. 당신은 사랑의 존재, 기쁨의 존재, 승리의 존재라는 사실을요! 당신의 사랑, 기쁨, 그리고 승리는 당신이 자신의 I AM 현존을 최우선으로 두고 다른 모든 것들은 그다음 순위에 둘 때 찾아올 것입니다. 사람들이 한계에 발이 묶이게 하는 불행한 원인은 사람들이 신을 우선시하는 대신 어떤 사람, 욕망, 또는 직업을 우선시하는 것에 있습니다. 현존의 앞을 거짓된 우상이 가리는 한, 우상을 우선시하는 사람은 그의 생각과 느낌을 통제하지 못할 것입니다. 그리고 그는 마스터리를 달성하지 못할 것입니다. 그러니 당신의 주의력을 다스리세요!

당신과 당신이 원하는 것의 즉각적인 나타나는 것을 가로막는 유일한 요소는 당신의 의심입니다. 당신이 요청의 부름을 보내고, 당신이 원하는 것이 생각만큼 빠르게 당신의 앞에 나타나지 않는다면, 그 과정에 있어 방해물은 당신의 의심과 조급함입니다. 신을 가로막을 수 있는 방해물이란 존재하지 않기 때문입니다. 당신이 충분히 사랑한다면, 당신은 우주를 지휘할 수 있을 것이고 온 우주가 당신의 앞에 고개를 숙이고 당신의 명령에 따라 창조할 것입니다.

감정 vs 느낌

감정은 인간적인 것이고, 느낌은 신성한 것입니다.

모든 느낌의 중심은 가슴입니다. 가슴으로부터 사랑, 행복, 자비 그리고 가슴의 차원에서 발산되는 상승 마스터의 모든 자질들이 흘러나옵니다.

감정의 중심은 태양신경총입니다. 그리고 그곳으로부터 분노,

두려움, 질투, 시기, 성욕, 그리고 상승 마스터 옥타브와 상충하는 모든 자질들이 흘러나옵니다. 이와 같이 당신은 감정과 느낌이 모두 에너지이지만, 그들이 양극을 이룬다는 것을 알 수 있습니다. 하나는 인간적인 것이고, 다른 하나는 신성한 것입니다. 당신이 자신의 느낌을 조화롭게 하면, 신성한 성질들이 확장하는 과정을 돕는 것입니다.

느낌 - 창조의 불꽃

창조의 불꽃은 곧 생명의 불꽃입니다. 당신이 발산하는 모든 느낌은 불꽃입니다. 당신이 가진 느낌은 사랑이고 열망은 축복하고자 하는 것이라면, 당신의 행동은 이롭고, 아름답고, 온전히 순수하며 완전할 것이고, 그 활동은 가슴속의 순수한 생명의 불꽃으로부터 발산될 것입니다. 이 불꽃은 어떤 사람이 느끼는 성질의 형태를 취합니다. 당신이 사랑을 느낀다면, 그 불꽃은 금빛이 약간 섞인 분홍빛일 것입니다. 당신이 지혜를 깨닫는다면, 금빛이 두드러질 것입니다. 당신이 느끼는 성질이 평화나 자비로움이라면, 불꽃은 초록빛일 것입니다. 당신이 정화되고 있다면, 그 불꽃은 보랏빛일 것입니다. 당신이 느낌에 어떠한 성질을 부여하지 않고 현존을 향한 헌신만을 내보낸다면, 발산되는 불꽃은 약간의 파란빛을 띠는 거의 순수한 흰색일 것입니다.

반면 어떤 사람이 파괴적인 느낌을 만들어 내면, 그 느낌은 느낌의 세계를 이루는 물질을 관통하고 찢는 들쭉날쭉한 가시를 가진 번개로 형상화됩니다. 이 번개는 그것을 내보내는 사람의 느낌의 세계뿐만 아니라 그 느낌이 향하는 사람의 느낌의 세계까지 파고들고 찢어서 고통을 유발합니다.

의식의 7단계

1단계
첫 단계에 있는 사람은 감정적이고 감각적인 욕망의 존재이며, 생존에 몰두하고 스스로를 만족시키기 위해서만 살아갑니다. 그의 모든 행동은 자신의 욕구를 충족시키는 것이기 때문에, 그에게는 타인을 향한 사랑이나 염려가 없습니다. 이 사람은 더 높은 차원에 대한 생각을 거의 하지 않습니다.

2단계
이 사람은 이제 타인의 권리를 인식합니다. 그 인식의 정도는 다른 사람들이 그들의 권리를 얻을 수 있도록 돕는 수준은 아니지만, 그는 집단과 집단적인 행동을 차차 인식하고 있습니다. 하지만 이 사람은 여전히 자기중심적이며 감정적, 감각적 욕구의 충족에 사로잡혀 있기 때문에 그의 동료들에게 권력을 행사하고자 합니다. 오늘날 인간의 육신을 입고 살아가는 수많은 사람들이 아직도 이 첫 두 단계에 속해 있습니다.

3단계

여기부터 우리는 타인의 욕망을 이해할 뿐만 아니라, 어느 정도 살아갈 줄 알고 다른 사람들이 살아가게 만들기도 하는 이들이 속한 단계로 진입합니다. 동료들에게 권력을 행사하고자 하는 욕망은 더 이상 가장 중요하게 여겨지지 않고, 대신 이 사람들은 다른 사람들이 욕구를 충족할 동등한 기회를 갖기를 바랍니다. 오늘날 대부분의 인류가 이 단계에 있습니다.

4단계

이 사람은 이제 빛의 길로 들어섰습니다. 그는 삶에 있어 감정적이고 육체적인 욕망을 충족하는 것만이 전부가 아님을 받아들입니다. 그는 더 높은 의식을 인식합니다. 개인적인 욕망은 여전히 어느 정도 이 사람을 지배하지만, 그는 더 높은 것을 찾기 시작했습니다.

5단계

이 사람은 그의 에고보다 더 큰 힘이 있음을 깨닫습니다. 그는 이 힘이 대부분의 경우에 보이지는 않지만, 삶의 의미와 행복을 가져올 수 있음을 깨닫습니다. 그는 순간순간 더 높은 의식을 경험합니다. 이 사람은 그의 의지와 에고를 그의 I AM 현존에게 완전히 넘겨주지 않았기 때문에 자주 혼란스러워합니다. 의지와 에고를 넘겨주는 과정은 많은 경우에 고통을 수반합니다.

6단계

이 사람은 자신의 상위자아와 자주 소통하고, 더 이상 개인적인 욕망을 통해 동기 부여를 얻지 않으며, 다른 사람들을 위해서 살아갑니다.

7단계

이 사람은 항상 자신의 의식을 자각하고 있으며 자신의 힘을 오용하고자 하는 유혹을 넘어섰습니다. 그는 자신의 신적 자아 그리고 상승 마스터들과 소통합니다. 이 사람에게 해방과 상승은 현실화하였습니다.

각 단계는 또다시 더 작은 단계들로 나누어지고, 이 모든 단계들은 유동적입니다. 6단계만큼이나 높이 도달해서 엄청난 봉사를 베풀고 있지만, 어떤 면에서는 1단계나 2단계의 의식 상태를 완전히 벗어나지 못한 사람들도 존재합니다. 어떤 사람이 어떤 단계에 속해 있는지를 알기는 어렵고, 당신은 절대 다른 사람을 판단해서는 안 됩니다. 하지만 당신이 스스로에게 있어 솔직하다면, 당신은 스스로가 어느 단계에 속해 있는지 판단할 수 있을 것입니다.

Chapter 5   마스터리로 가는 길

여러 마스터들

사랑하는 여러분, 나는 당신이 당신 자신의 신적 현존을 부르기를 간청합니다. 신적 현존의 사랑과 끊임없는 설득을 받아들이세요. 현존을 부르려는 첫 번째 시도에서 성공하지 못하더라도, 낙담하지 마세요. 대신 당신 자신과 당신의 상위자아로부터 당신에게 쏟아져 내리는 빛을 계속해서 관찰하세요.

당신이 당신 자신의 I AM 현존에 익숙해지고 그의 활동을 불러일으키는 방법을 배우게 되면서, 당신에게 신적 에너지의 강력한 가속도가 붙을 것입니다. 당신이 신적 현존을 부르는 각각의 외침이 모두 당신의 심상화에 맞추어 현실을 창조하는 에너지의 흐름을 쏟아 냅니다. 이 패턴은 당신의 집중력의 명확성과 강도에 따라 점점 더 현실적이고 실체적으로 될 것입니다. 완전함을 성취하기 위해서는 완전함을 연습해야 합니다. 당신의 몸, 마음, 그리고 감정을 고요하게 하고, I AM의 타오르는 빛에 복종하세요. 명상할 때뿐만이 아니라 삶의 일상적이고 사소한 일들을 처리할 때도 그렇게 하세요.

당신 자신을 끊임없이 관찰할 수 있도록 당신의 마음을 단련하세요. 사랑과 축복을 쏟아부을 기회를 절대 놓치지 않도록 긴장하세요. 그리고 다른 사람들에 대해 부정적인 생각을 갖거나 타인에게 해를 끼치는 행동을 하지 않도록 경계하세요. 당신과 관련이 있는 것은 당신 자신이므로, 다른 사람들이 실수하기를 기다리지 마세요. 스스로를 관찰하고 바로잡으면, 당신은 금방 자유로워질 것입니다.

당신의 위에 있고, 당신의 가슴에 위대한 타오르는 빛의 태양으로서 닻을 내리고 있는 경이로운 생명의 현존인 신을 부를 때마다, 그 어떤 힘도 방해할 수 없음을 언제나 기억하세요. 당신이 당신 자신의 위대한 생명의 현존, 즉 I AM을 부를 때, 당신은 우주 불변의 법칙(Immutable Law of the Universe)에 시동을 걸어 그것이 활동하도록 만드는 것이라는 사실을 항상 기억하세요. 그 어떠한 힘, 인간의 의견, 혹은 상황도 그 법칙의 명령이 가진 에너지에서 벗어날 수 없습니다. 결과물이 나타났는지 의심하거나 그것을 확인하기 위해 돌아보지 마세요. 현존에 집중하고, 당신의 부름대로 이루어지고 있음을 받아들이며 그저 마음을 놓으세요.

정복의 현존(Conquering Presence)은 모든 것을 완전함 속으로 가져올 것입니다. 당신 그 자체인 이 위대한 현존을 부를 때, 당신의 세계 안으로 완전함이 흘러 들어올 것을 명령하세요. 당신의 관심이 닿는 곳마다 완전함이 흘러 들어갈 것을 명령하세요. 불완전해 보이는 상태를 목격하면, 굳건하게 서서 당신의 신성한 권위를 행사하여 완전함이 나타나도록 명령하세요.

언제나 당신의 신적 현존을 가장 먼저 부르고, 그다음으로 기꺼이 당신을 도와줄 마스터들을 부르세요. 하지만 성장은 당신 자신이 이루어 내는 것입니다. 상승 마스터들은 당신을 대신해 성장해 줄 수 없습니다. 마스터들이 당신을 위해 모든 것을 해 주기를 바라며 그들에게 의존하기 시작하면, 그들은 물러나야 합니다. 모든 사람은 각자의 위대한 신적 현존과 접촉해야 하므로, 당신은 마스터에게 의존해서는 안 됩니다. 생명의 법칙, 즉 I AM에 대한 지식과 I AM과의 접촉이 바로 당신의 저택의 토대입니다. 이것이 바로 당신이 더 높은 의식과 마스터리로 진입하는 방법입니다. 내면의 햇빛을 마주하고 서서, 그 근원에게 다음과 같이 말하세요.

나는(I AM) 어디에서나 인류의 가슴과 마음을 채우고, 그들의 존재와 세계에 약동하는 생명의 지속적인 힘을 쏟아 내는 신성한 사랑의 힘입니다.
I AM the Power of Divine Love Filling the hearts and minds of

mankind everywhere, and releasing into their beings and worlds the Sustaining Power of Life in Action.

마스터리를 향해 가는 걸음에 속도를 가하고 싶다면, 다른 사람들을 축복하고 도우세요. 인류를 축복하세요. 그들의 I AM 현존에게 완전함을 요청하는 부름을 보내세요. 이 축복은 더 높은 옥타브로부터 시작되어 육체로 내려올 것입니다. 의심과 두려움을 추방하세요. 그것들이 당신의 길을 가로막는 것들입니다. 다른 사람들을 위해 봉사하는 것을 제외하고는 그들에게 집착하지 마세요. 빛의 힘은 실재하므로, 그것을 사용하세요! 다음과 같이 확언하세요.

나는(I AM) 활동하는 빛의 온전한 힘입니다.
I AM the Full Power of Light in Action,

나의 마음, 나의 존재, 나의 세상을 채우고,
온 인류의 세계로 넘쳐흐르는 빛의 힘입니다.
Filling my mind, my being, my world,
And flooding forth into the world of all Mankind;

나는(I AM) 생명의 활동입니다.
For I AM the Action of Life.

나는(I AM) 생명의 현존입니다.
I AM the Presence of Life.

나는(I AM) 생명의 승리입니다.
I AM the Victory of Life.

지금 그리고 영원히!
Now and forever!

I AM 현존과 상승 마스터들을 부를 때, 당신의 부름에 진심을 담으세요. 성의 없는 부름 오십 번보다는 진심 어리고 구체적인 부름 한 번이 훨씬 낫습니다. 사랑을 담은 한 번의 부름은 분명히 이로운 결과를 가져올 것입니다.

절대 누군가의 자유의지를 침해하거나 해를 끼치려고 하지 마세요. 불화를 일으키기 위해 I AM 현존을 부르는 사람이나 파괴적인 힘을 불러일으키는 사람은 흑마법을 사용하는 것이고, 훗날 그들 자신의 고통으로 대가를 치를 것입니다! 당신 자신에 대한 생각은 제쳐 두세요. 어떤 사람이 어떤 상황에 대해 어떻게 생각하는지가 왜 중요하죠? 중요한 것은 오직 하나인데, 그것은 바로 빛입니다. 그러므로 더욱더 큰 빛을 불러오세요.

친애하는 여러분, 당신은 스스로 노력해서 이 법칙을 직접 적용해 보아야 합니다. 당신과 당신의 신성, 그 마법과도 같은 현존(Magic Presence)의 하나 됨을 깨달으세요. 당신과 다른 모든 사람의 하나 됨 역시 깨달으세요. 당신과 우주 공간의 하나 됨을 깨달으세요. 이 우주 공간 안에서 당신과 다른 모든 것들은 하나입니다. 이 하나 됨을 받아들이고, 그 완전함을 현실로 만들기 위해 당신의 신적 권위를 쟁취하세요.

누군가가 당신에게 일을 시킬 때까지 기다리지 마세요. 당신의 삶에 대한 권위를 가진 사람은 아무도 없습니다. 당신이 바로 당신 자신의 권위자입니다. 그 권위를 거머쥐고, 당신의 I AM 현존을 불러 그것이 어떠한 방해도 받지 않고 당신의 안으로 흐르도록 하세요. 당신이 현실로 불러오고자 하는 것들은 당신이 하는 노력의 결과로써 나타날 것입니다. 즉, 당신 자신의 신적 현존의 활동을 통해 나타날 것입니다. 그 현존은 실존하고, 현존이 가진 그리스도의 빛이 당신의 세포, 당신의 육신을 이루는 조직, 그리고 당신 주변을 둘러싼 공기를 가득 채웁니다. 그 위대하고 강력한 현존의 힘이 당신을 통해 쏟아져 내리도록 현존에 의지하세요. 장대한 통로로서 당신이 가지는 책임을 받아들이세요.

I AM 현존이 당신의 심장을 뛰게 하고, I AM 현존은 당신의 모든 생각을 알고 있습니다. 그러니 소리치지 마세요. I AM 현존

은 당신에게 귀를 기울이고 있으며, 현존에게 두 번 말할 필요는 없습니다. 현존은 당신이 필요로 하는 것을 이미 알고 있기 때문입니다. 극적인 사건은 필요하지 않습니다. 그저 당신의 가슴 속의 고요 안으로 들어가 그 안에 있는 위대한 I AM의 빛을 느껴보세요. 당신을 통해 쏟아지는 빛의 힘을 받아들이고, 현존이 당신의 삶과 지구상의 모든 사람의 삶을 통치하기를 요청하세요.

인류에게 가장 중대한 가르침이 다가오고 있습니다. 사랑의 법칙이 다스리기 전까지, 인류는 허영심과 욕망에 지배당할 것입니다. 인류의 상태와 관계없이 긍정적인 입장을 유지하세요. 여론이나 당신을 제한할 만한 여타의 환상에 동조하지 말고, 순수함과 완전함을 유지하세요. 다른 사람들이 어떤 입장을 취하건 간에, 당신은 그 입장을 유지하세요. 그 어떤 사람도, 상태도, 힘도 당신에게서 그렇게 하는 승리를 빼앗을 수 없기 때문입니다. 당신이 분명한 입장을 취할 때, 나는 당신의 곁에 서서 당신의 손을 잡을 것이고, 당신은 I AM이라는 위대한 현실을 알게 될 것입니다.

Chapter 6　당신의 형제와 자매

세인트 저메인

　사랑하는 여러분, 당신이 그들을 어떤 이름으로 부르든 간에, 당신은 인생의 어느 한 시점에서 상승 마스터들의 도움이 필요할 것입니다. 당신의 성장은 당신 자신의 노력뿐만 아니라 궁극적으로는 확장된 당신 자신인 마스터들과의 연결에도 달려 있습니다. 마스터들은 당신이 필요로 하는 당신의 삶을 유지하는 힘을 주는 당신 자신의 I AM 현존의 현현입니다. 상승 마스터는 당신의 I AM 현존의 빛을 증폭시키고, 당신이 현존의 활동을 불러일으킬 때 당신은 당신 자신의 빛뿐만 아니라 당신의 진동 주파수를 끌어 올리는 마스터들의 에너지를 받게 됩니다.

　당신이 어떤 마스터의 이름을 부르면, 당신은 그 마스터를 불러오게 되고, 그에게 당신을 통해서 그의 활동을 확장할 기회를 주게 됩니다. 상승 마스터의 이름이 불릴 때마다, 그 마스터는 자기 자신을 더욱 많이 쏟아부을 수 있습니다. 그러니 이 행성의 진동 작용을 끌어 올리는 당신의 일과 관련해 우리를 부르는 것을 주저하지 마세요. 마음 놓고 나나 다른 마스터를 부르세요. 하지만 기억하세요. 먼저 당신의 I AM 현존을 불러내야만 마스터가 당신의 활동을 증폭시킬 수 있습니다.

인류가 그들의 근원과 빛 속에 있는 그들의 형제자매들을 인식하고 깨달아야 할 우주의 시간이 도래했습니다. 대부분의 사람들은 우리를 보지 못하지만, 우리는 실존합니다. 우리는 당신처럼 한계라는 환상에 가로막히지 않기 때문에, 우리는 오히려 당신보다 더 실체적인 존재입니다. 당신이 현존에게로 주의를 돌리고 진심으로 행동한다면, 당신은 우리가 얼마나 실체적이며 얼마나 빠르게 행동할 수 있는지 알게 될 것입니다. 인간의 입장에서는 때로 우리의 응답이 아주 오래 걸리는 것처럼 느껴집니다. 그러나 그것은 착각입니다. 오직 현재와 이곳만이 존재하기 때문입니다. 아주 오래전에도 그랬던 것처럼 오늘날 우리는 모두 이곳에 함께 있고, 소위 말하는 미래의 시간에도 그러할 것입니다. 당신이 사랑으로 우리에게 주의를 돌릴 때, 우리는 항상 응답할 것입니다.

때로 사람들은 우리에게서 각기 다른 정도의 명확성을 가진 메시지를 받습니다. 그 메시지가 그것을 받는 사람에게 친숙한 언어로 표현되어 그 의미가 완벽히 정확하지 않을 수 있지만, 에고의 방해를 받지 않는다면 우리가 발산하는 빛을 담고 있을 것입니다. 오직 소수의 사람만이 전시안(All-Seeing Eye)을 통해 우리의 메시지를 받을 수 있습니다. 이런 방식으로 메시지를 받으려면 수년간의 정화와 특별한 준비를 해야 하기 때문입니다. 그러나 메시지가 부정확하더라도, 우리가 발산하는 느낌과 격려가 더 중요한 것입니다.

인류를 섬기는 마스터들의 이름은 중요하지 않으며, 지금 지구상의 인류가 그들의 이름을 알 필요는 없습니다. 지금 당신이 그들의 이름으로 알고 있는 단어들은 그저 편의상 붙여진 것이고, 누가 누구인지를 구별하는 일에 필요할 뿐입니다.

일반적으로 당신의 육안으로는 상승 마스터를 볼 수 없습니다. 만약 당신이 상승 마스터를 보기를 원한다면, 당신의 진동 속도를 높여야 합니다. 상승 마스터가 어떤 사람의 앞에 나타날 때, 이는 주로 상승 마스터가 학생의 높아진 진동 작용과 맞아떨어질 때까지 그 몸의 진동 작용을 낮춤으로써 이루어지는 것입니다. 그들은 서로를 보고 만질 수 있지만, 그 순간에 다른 사람이 근처에 있거나, 상승 마스터의 현현이 마스터의 가르침을 받는 이의 편의를 위한 것이라면, 다른 사람들은 마스터의 모습을 보거나 어떤 일이 일어나고 있는지 전혀 알아채지 못할 것입니다.

만약 당신이 마스터가 되기를 원한다면, 스스로를 마스터하세요. 겸손해지세요. 다른 사람에게 봉사함으로써 그렇게 하세요. 스스로를 모든 사람의 하인으로 여기세요. 당신이 마주치는 모든 이들의 신적 현존을 불러냄으로써 그들을 축복하세요.

사랑하는 여러분, 나는 당신이 내가 가진 것을 결코 성취할 수 없는 수준까지 진보한 어떤 위대한 존재가 아닙니다. 나는 그저 당신보다 앞서 걸어갔고, 당신을 그 길로 인도하기 위해 돌아온 당신의 형제입니다. 내가 한 일이라면 당신도 할 수 있습니다. 쉬운 일은 아니지만, 할 수 있는 일이며 해야만 하는 일입니다.

> ◆ **나다(Nada)의 메모**
>
> 세인트 저메인이 상승한 지 얼마 되지 않았다는 사실을 알게 된 많은 사람들이 세인트 저메인이 어떻게 아주 오랫동안 존재해 온 제7광선의 주인이 될 수 있었는지 의문을 제기해 왔습니다. 이 사실에 대해 잘 생각해 보세요. 그렇게 하면 당신은 진리뿐만 아니라 당신을 위한 아주 멋진 기회를 발견할 수 있을 것입니다.

Chapter 7   신의 원칙에 대한 승종

세라피스 베이

사랑하는 여러분, 생명은 영원하며 영원히 흐릅니다. 죽음은 존재하지 않으며, 시간이나 공간 역시 마찬가지입니다. 그러니 상대적인 현실에 대한 이 환상을 이용해 마스터리를 깨우치세요. 당신의 행동이 당신의 깨우침을 돕고 다른 사람들을 섬기는 일에 도움이 되는 것이 아닌 한, 당신은 시간을 낭비하고 있는 것입니다.

인류를 사랑하고 축복하는 마음으로 행한 나의 활동들을 통해 나는 다방면으로 인류를 도우려 노력했습니다. 많은 이들이 나의 훈육이 지나치게 엄격하다고 느끼지만, 사실 나는 그 누구도 훈육한 적이 없습니다. 그러나 나의 가르침은 언제나 어떤 사람이 자기 자신을 훈육하고자 하게끔 했습니다. 자기 훈련만이 새로운 황금시대에 존재할 수 있는 유일한 훈련법입니다. 유명무실한 것에 대한 순종이나 무의미한 의식 절차는 필요하지 않습니다. 오로지 내면의 신성에 대한 순종만이 필요합니다. 당신은 다음과 같이 확언할 수 있습니다.

나는(I AM) 지금 내 안에 계신 신께 순종합니다.
I AM obedient to God within me now.

나는(I AM) 모든 것을 알고, 모든 것에 대해 생각하고, 모든 것 그 자체이며, 빛에 봉사하는 모든 것이 되는 신의 현존입니다.
I AM the Presence of God knowing all things, thinking all things, being all things that are of service to the Light.

나는 음악가들, 예술가들 그리고 작가들에게 내가 당신들을 몹시 돕고 싶어 한다는 사실을 알려 주고 싶습니다. 당신들이 나를 향해, 즉 내면으로 주의를 돌린다면 나는 당신들을 도울 것입니다. 그러나 모든 사람은 자기 자신의 I AM 현존으로부터 나오는 내적인 설득에 따라야 합니다. 그 어떤 사람이나 마스터도 당신을 대신해 당신의 권위자가 될 수 없습니다. 이는 권위가 존재해서는 안 된다는 뜻이 아닙니다. 권위가 없다면 혼돈이 있을 것이기 때문입니다. 그러나 진정한 권위는 신이 주시는 것입니다. 권위의 목소리는 내면의 신성을 깨닫는 것으로부터 옵니다. 그 권위를 남용하는 것은 신의 힘을 남용하는 것입니다. 권위를 가진 사람들은 다른 사람들의 이익을 고려해야 합니다. 그들이 이렇게 하는 대신 다른 사람들의 이익보다 자기 자신의 이익을 우선시한다면, 그들은 자신의 권위를 남용하는 것이고, 그 힘을 빼앗길 것입니다. 권위를 행사하려는 사람은 봉사에 헌신해야 하고, 가장 큰 봉사는 다른 사람들로 하여금 그들 내면의 빛을 확장하도록 돕는 것입니다.

권위와 책임은 밀접하게 연관되어 있습니다. 모든 사람은 자유로운 신적 존재이니, 다른 사람이 가진 책임을 떠맡으려 하지 마세요. 당신은 당신의 세계 안에서 일어나는 일의 권위자입니다. 책임지는 것을 두려워하지 마세요. 당신의 권위를 주장하세요. 당신은 신의 일부로서 어디에든 완전함이 나타나도록 명령할 권리가 있습니다. 그러나 당신은 다른 사람들의 자유의지를 존중해야 합니다. 그들에게는 그들의 내적 빛에 의해 진보하거나 진보하지 않을 권리가 있기 때문입니다.

당신 자신의 조화로움, 당신 자신의 평화, 당신 자신의 자유를 지키세요. 당신이 이 자질들을 다른 사람들에게 쏟아 낼 때 그것들은 당신의 것이 될 것입니다. 자유는 당신의 자연스러운 상태입니다. 만약 당신이 자유롭다고 느끼지 않는다면, 그것은 당신이 창조한 상태입니다. 미국은 자유를 상징하지만, 타국의 자유를 존중할 줄 알아야만, 그리고 다른 국가들과의 복잡한 관계에 얽히는 것을 피해야만 자유를 유지할 수 있을 것입니다. 미국이 타국에 자신의 의견을 강요하지 않는다면, 미국은 세상을 위한 빛의 잔이 될 것입니다.

　봉사하기를 원하는 사람은 건강한 육체를 유지해야 합니다. 이와 같이 당신의 바람은 가능한 한 빨리 육신을 떠나는 것이 아니라, 육신을 제대로 관리하고 잘 사용하는 것이어야 합니다.

　우리는 마스터라고 불리지만, 결코 학생들에게 우리의 의지를 강요하지 않습니다. 당신의 문제들에 대한 해결책은 우선 사랑의 느낌을 발산하는 것으로 찾을 수 있습니다. 그 사랑은 단순한 생각이나 느낌이 아니라, 당신 현존의 가슴에서 내보내는 실질적인 물질입니다. 그것은 무엇을 해야 할지 저절로 알며 이를 행하기 위해 신속히 움직이는 어머니의, 자기 자신을 온전히 아는 것으로부터 오는 에너지입니다. 그 사랑에는 장벽이 없으며, 그것을 받는 사람에게만큼이나 그것을 내보내는 사람에게도 큰 축복입니다. 그 사랑을 발산하기 위해 자신을 단련할 때, 당신은 영원한 빛의 정원에서 살아가기 시작할 것입니다. 그렇게 되면, 당신이 사랑 외에 그 어떤 느낌도 가지지 않게 되었을 때 당신은 상승할 만한 자격을 얻을 것입니다. 마스터나 I AM 현존이 당신에게 알려 주지 않는 이상, 당신은 상승하기 위한 당신의 준비가 완료되었는지 알 수 없습니다.

　철학적인 신조나 정치적인 신념에 관계없이 모든 사람은 신의 자녀입니다. 당신이 진리를 변호할 필요는 없습니다. 진리가 당신을 변호할 것입니다. 더욱 큰 진리, 빛, 그리고 힘을 가질 자격을 갖추고, 그 자질들이 당신의 안에서 피어나도록 하세요.

이 행성의 인류는 빛을 갈망하고, 당신은 그들에게 그 빛을 주고 그들을 이끄는 등불이 될 수 있습니다. 그들이 순종하기 위해 의례, 조직, 그리고 교리가 필요하지는 않습니다. 그러나 그들은 그들 안에 살아 계신 신의 현존, 즉 I AM을 이해해야 합니다. 그 이해 없이 그들은 어둠 속에서 길을 잃은 것이나 다름없고, 그 이해가 있다면 그들은 빛의 승리로 나아갈 것입니다.

당신이 하는 일은 온전한 관심을 기울일 만한 가치가 있는 것이어야 합니다. 하고 있는 일이 지루하다면, 다른 일을 찾으세요. 깨어나는 삶은 당신의 온전한 관심을 요구합니다. 때로 사람들은 온전한 관심을 기울이는 동시에 경제활동을 하는 것이 어떻게 가능한지 의아해합니다. 당신은 친구와 이야기하는 동시에 멀리 떨어진 방에서 들려오는 음악을 들으며 당신의 생각을 살필 수 있지 않나요?

당신이 하기로 결정한 일은 완벽하게 해내세요. 사소한 일에 신을 이용하지 마세요. 활동하는 신으로서 당신의 책임을 받아들이세요. 당신은 그 책임을 받아들여야만 당신의 지혜와 빛을 발전시킬 수 있을 것입니다.

　대재앙, 전쟁, 지진, 사고 또는 여타의 파괴적인 일들을 두려워하지 마세요. 파괴적인 일이 일어날 것 같다는 느낌이 들 수는 있지만, 이는 그 일이 일어날 것이라는 뜻이 아닙니다. 이와 같은 내적 속삭임은 그 파괴적인 일을 방지하기 위해 노력하거나, 최대한 많은 사람들을 보호하기 위해 노력하라는 신호입니다.

　다른 사람이 실수를 저지를 것 같은 느낌이 들 때도 마찬가지입니다. 당신의 신적 현존의 조언을 구해 그들의 안에도 당신과 똑같이 그 현존이 있다는 사실을 깨달으세요. 그런 다음 그 현존을 불러 그들에게 어떻게 행동해야 할지 보여 달라고 요청하세요. 그리고 완전함만이 나타날 것이라는 사실을 알고 마음을 놓으세요. 현실의 창조가 바로 나타나지 않거나, 당신이 최선이라고 여기는 형태로 나타나지 않을 수는 있지만, 궁극적으로는 그들이 필요로 하는 완전함을 가져올 것입니다.

　외적인 모습들에 관심을 두지 마세요. 당신이 다른 사람들을 위해 간절히 바라는 영광과 완전함은 당신의 가슴속에 있는 사랑만큼이나 당신과 가까이 있습니다.

　모든 것을 감싸안는 영원의 현존이여, 오 위대한 타오르는 빛이여, I AM이여, 우리는 당신을 사랑하고, 당신과 하나 되어 있으며, 지금 그리고 앞으로도 영원히 우리의 안에 당신의 완전한 신적 힘을 받아들입니다. 우리가 우리의 형제자매에게 언제나 애정 어린 봉사를 베풀 수 있도록, 우리가 걷는 길에서 우리가 우리의 형제자매에게 가진 책임을 영원히 기억할 수 있게 해 주소서. 여기 이 제단 앞에 내가 서 있습니다. 나의 곁에는 생명의 날개가 있습니다. 이 날개는 펼쳐지는 순간 나를 영원하신 신의 영광과 충만함 속으로 데려갈 것입니다. 나는(I AM) 생명이고, 진리이며, 나아가는 길 그 자체입니다.

Chapter 8 용서의 불꽃

울란도

　나는 나의 먼 고향에서 수천 년 만에 처음으로 당신을 찾아왔습니다. 당신은 나를 알게 된 일이 여러 번 있습니다. 나는 여러 이름을 가지고 있습니다. 나는 여러 형태를 가지고 있습니다. 아주 오래전 어느 날에 나는 여러분 한 명 한 명과 함께 합력하여 위대한 레무리아(Lemuria) 문명의 일부를 건설했습니다. 당시에는 현재의 샌프란시스코가 위치한 땅이 거대한 뮤(Mu) 대륙의 일부였고, 바로 그곳에 건재하던 위대한 문명은 서쪽으로 향하는 황금 관문 대신 동쪽으로 향하는 황금 관문을 상징했습니다. 그 당시에는 현재 캘리포니아 해안선의 대부분이 레무리아의 동부 해안이었습니다. 바다가 해변의 만에서부터 시작해 데스밸리(Death Valley)까지 이어졌고, 애리조나와 뉴멕시코의 일부 지역 안으로 흘러들어 마침내 현재의 캘리포니아만까지 이어졌습니다. 오늘날 존재하는 산 중 여럿이 그 당시에는 존재하지 않았고, 그 오래된 해안에서 위대한 문명이 절정에 이르렀다가 신의 위대한 현존으로부터 등을 돌림으로 인해 멸망했습니다.

오늘 밤 나는 나의 별과 지구를 연결하는 거대한 빛의 터널을 통해 당신에게 왔습니다. 당신은 나를 '머큐리(Mercury)'라는 이름으로 불리는 날개 달린 샌들을 신은 신의 메신저의 모습으로 여러 번 마주쳤을 것입니다. 나의 활동은 언제나 인류와 아주 밀접하게 관련된 것이었습니다. 나는 레무리아, 아틀란티스, 그리고 이집트 문명시대에 알려져 있었습니다. 그리스 문명에도 나를 잘 아는 이들이 많았습니다. 이 교류는 대략 4,000년 전에 내가 물러나기 전까지 지속되었습니다. 우주의 법칙(Cosmic Law)이 내가 지구의 아이들을 그들이 스스로 만들어 낸 불화 속에 내버려 둘 것을 강권했습니다. 나는 당신들이 조화 속에 모이기 전까지 다시 나설 수 없었습니다. 당신이 나의 도움을 원한다면, 울란도라는 이름으로 나를 부르세요. 당신은 내가 매우 신속하게 당신의 부름에 응답한다는 사실을 알게 될 것입니다.

나는 당신이 우주적 불꽃(Cosmic Fire)이 어떻게 작동을 시작하는지 보다 잘 이해하도록 생각과 느낌의 원자 구조에 대해 이야기하고 싶습니다. 또한 나는 당신이 왜 자신의 생각과 느낌을 통제해야 하는지에 대해서도 이야기하고 싶습니다.

생각 형태(Thought-form)는 원자로 구성된, 정신적으로 만들어진 구조물이고, 느낌에 의해 실체를 가지게 됩니다. 이는 우주와 그 안의 모든 존재들을 창조하고 형성하는 아버지와 어머니 원칙과 동일한 활동입니다. 생각 형태가 처음 탄생했을 때 대부분의 사람은 이것을 볼 수 없습니다. 그 상태에서는 육안으로 볼 수 있을 만큼 원자가 충분하지 않기 때문입니다. 그러나 그 생각이 의식 속에 계속 머무르면, 갈수록 더 많은 원자가 그 생각의 형태로 끌려가서 그 생각은 물질이 됩니다.

어떤 생각 형태가 창조된 후에, 그것을 창조한 원래의 생각과 느낌이 완전히 사그라들 때까지 그것은 살아 있는 개체로서 계속 활동합니다. 생각 형태의 소멸을 촉진하기 위해 용서의 불꽃으로도 알려진 바이올렛 불꽃을 불러올 수도 있습니다.

어린아이가 창조한 후 나중에 잊어버린 생각일지라도, 그것은 몇 년 후 아이가 성인이 되었을 때 이전과 비슷한 상황을 겪으면 다시 나타날 수 있습니다. 이렇게 오래된 생각 형태를 소멸시키는 가장 좋은 방법은 강렬한 바이올렛 불꽃이 당신의 몸과 오라의 상위와 내면으로, 그 주변으로, 그를 관통하여 타오르는 것을 심상화하는 것입니다. 마음과 가슴을 함께 사용해서 이 우주적인 불꽃을 불러일으키세요. 이 불꽃은 전자와 원자가 인간의 의식으로부터 벗어나 원래의 순수함을 회복할 수 있도록 합니다. 빛의 학생들은 모두 이 유용한 도구를 그들 자신뿐만 아니라 그들이 지나가는 모든 장소에 사용해야 합니다.

　당신이 불화를 느낀다면, 그것은 당신이 어떤 부조화한 생각 형태가 당신의 느낌 안으로 진입하는 것을 허용했고, 당신의 몸 속 원자들이 그 영향을 받고 있기 때문입니다. 그 불화는 빛에 의해 소멸하지 않는 이상 전염병처럼 심해지고 퍼져 나갈 수 있습니다. 처음에 그저 생각이었던 것은 느낌 세계로 퍼져 나간 후에 육체로 뻗어 나가 질병으로 나타납니다. 이는 그 생각이 아직 보이지 않는 상태였을 때 제거했더라면 막을 수 있었을 일입니다.

　조화로운 느낌을 유지할 필요성은 아무리 강조해도 지나치지 않습니다. 당신은 끊임없이 에너지를 불러오고 에너지에 속성을 부여하고 있습니다. 당신이 생각할 때마다 당신은 신의 순수하고 완전한 에너지를 사용하고 있습니다. 그러나 당신이 그 에너지에 어떤 속성을 부여하는지는 다른 사람에게 영향을 미칩니다. 당신의 생각, 언어, 그리고 감정을 관찰하고 조화롭게 만드세요. 그렇게 하면 당신은 평화 속에 살고, 더욱 빠르게 마스터리를 향해 진보할 수 있을 것입니다.

　당신이 어떤 상황을 마주하고 있든 간에, 당신은 그것을 빠르게 극복할 수 있습니다. 부정적인 마음가짐을 가진 사람들과 한 공간에 모였을 때도, I AM 현존을 인식하는 사람 단 한 명이 다른 사람들의 의식을 높일 수 있습니다. 당신은 항상 사랑하고 친절하겠다는 맹세를 여러 번 하지만, 그런 다음에 그 맹세가 무효가 되게 만드는 일이 일어나고는 합니다. 하지만 당신의 I AM 현존은 무효화 될 수 없으며, I AM 현존은 항상 효력을 가집니다. 그러나 기억하세요. 당신이 현존을 부른 후 상황이 변하기 시작하면, 당신의 관심이 다시 부정적인 것들로 뒷걸음질 치지 않도록 주의해야 합니다.

세인트 저메인

생명의 법칙에 대한 지식이 없으면 당신은 눈이 먼 것이나 다름없습니다. 그 지식 없이 당신은 원인과 결과를 알 수 없기 때문입니다. 어떤 사람들은 부정적인 에너지를 만들어 내거나 부정적인 행동을 저지르고 나서 그에 대한 대가를 치르지 않고 넘어갈 수 있다고 생각하지만, 당신이 경험하는 모든 것은 당신 자신이 만들어 낸 원인에 의한 결과라는 사실을 알아야 합니다. 인과관계의 법칙(Law of Cause and Effect)은 절대적이기 때문에 대가를 치르지 않고 넘어갈 수는 없습니다. 대가가 돌아오는 데 천년이 걸리더라도, 그것은 반드시 돌아올 것입니다. 그것이 법칙이기 때문입니다.

원인에 의한 결과를 무효로 만들기 위해 할 수 있는 행동은 단 하나뿐인데, 그것은 바로 용서입니다. 용서는 당신이 이전에 저지른 실수에 대한 대가를 경험하는 불가피한 일을 넘어설 수 있게 해 줍니다. 물론 용서는 용서를 구하는 사람이 마음을 다할 때만 효과가 있습니다. 그저 용서를 요청하는 것은 결코 그 사람이 그의 카르마로부터 풀려날 수 있게 하지 못할 것입니다. 용서를 구하는 사람은 가슴으로부터 용서를 원해야 합니다. 또한 당신은 다른 사람들을 용서해야만 합니다. 그렇게 하지 않으면 당신도 용서받지 못할 것입니다. 생명의 법칙은 당신이 내보내는 모든 것이 당신에게로 되돌아오도록 합니다. 그러므로 당신이 용서받고자 하는 진심 어린 소망을 내보낼 때, 그것은 그 자체로 불화를 해소하는 용서의 활동이 됩니다.

세상의 악은 스스로를 공격하고 파괴하는 과정에 있습니다. 그러므로 악하며 악을 갈망하는 인간은 스스로를 파괴할 때까지 악하며 악을 갈망하는 인간들과 싸울 것입니다. 하지만 그 파괴 속에서 선하며 선을 갈망하는 빛의 자녀들이 탄생할 것입니다. 이들은 파괴되지 않을 것입니다. 진리는 지금, 그리고 영원히 승리할 것입니다. 왜냐하면 신의 빛은 절대 실패하지 않기 때문입니다!

당신은 개별화된 생명의 불꽃으로서 당신의 경험과 이해에 따라 당신의 에너지에 자격을 부여(qualify)해야 합니다. 그리고 당신은 당신이 스스로 만들어 낸 에너지의 결과를 감내해야 합니다. 이것이 바로 어떤 사람들이 주기적으로, 때로는 오랫동안 병들게 되는 이유입니다. 그들에게는 특정한 외적인 모습을 실제적으로 받아들이는 습관이 있기 때문에, 어떤 특정한 것이 그들을 병들게 할 힘을 가지도록 그것에 자격을 부여한 것입니다. 그들은 특정한 활동 또는 음식에 그러한 자격을 부여하고, 그것들이 그들에게 영향을 끼치는 것을 허용합니다. 주변인들은 그들이 아픈 척을 하는 것이라고 말하고는 합니다. 하지만 그들은 아픈 척을 하는 것이 아닙니다. 그들은 특정한 에너지가 그들이 결정한 방식대로 발현되도록 자격을 부여했기 때문입니다. 이는 아이들에게도 마찬가지로 적용됩니다. 아이들이 가진 자격 부여 능력은 성인의 것만큼이나 강력하기 때문입니다. 이러한 경향을 무력화하기 위해서는 현존을 불러내 당신의 자격 부여 능력을 제어해야 합니다. 다음과 같이 말하세요.

나는(I AM) 자격 부여(qualification)의 힘을 통제하고 있습니다.
I AM controlling my power of qualification,

그리고 나는 모든 상태에 빛의 자격을 부여합니다.
And I qualify all conditions with Light.

이렇게 하는 것은 매우 신속하게 당신을 어떤 일이 일어나더라도 당신이 한계라는 환상에서 벗어날 수 있는 상태로 끌어올릴 것입니다. 당신의 현존을 부르는 것을 제외하고, 당신의 자격 부여 능력을 조화로움과 빛으로 충만한 상태로 유지하는 것보다 중요한 일은 없습니다.

I AM 현존은 생명 그 자체만큼이나 완벽한 에너지를 당신의 세계로 쏟아 냅니다. 그 에너지가 당신의 세계에 닿으면, 그것은 당신의 생각과 감정이 가진 자격을 띠게 됩니다. 당신이 그 에너지를 몇 번이나 재정의했는지, 즉 당신이 어떤 실수를 했는지에 상관없이, 당신은 당신의 현존에 의지해 다음과 같이 말할 수 있습니다.

<blockquote>
오, 사랑하는 I AM 현존이시여, 저를 용서해 주세요.
O Beloved I AM Presence, forgive me.
</blockquote>

그런 다음 당신의 가슴속에 있는 아버지의 집으로 가서 그의 축복, 그의 사랑, 그리고 그의 풍요로운 보호를 받으세요. 당신은 언제든지 현존의 품에 안겨 다음과 같이 말할 수 있습니다.

<blockquote>
아버지, 어머니 신이시여, 위대하고 축복받은 I AM 현존이시여,
저를 용서해 주세요.
나는 I AM인 용서의 법칙을 요청합니다. 저를 통해 용서의 불꽃이
</blockquote>

타오르게 하시고, 저를 다시 당신의 가슴 안으로 데려가 주세요.
Father-Mother-God, Thou Great and Blessed I AM Presence,
forgive me.
I call on the Law of Forgiveness that I AM. Blaze up though me
the Fire of Forgiveness and take me again into Thy Heart.

그렇게 한 다음에는, 사랑하는 여러분, 당신이 태어난 순간부터 영원히 가지게 된 권리인 평화와 순수함의 영역을 향해 영원토록 나아가세요. 사랑하는 여러분, 생각해 보세요! 당신은 당신의 실수 때문에 영원히 지옥에 갇히지 않습니다. 인과관계의 법칙이 얼마나 엄격하고, 얼마나 정의로운지에 상관없이, 그 법칙은 당신이 당신의 심장을 뛰게 하는 위대한 빛의 현존에 의지하고, 용서의 법칙, 즉 강렬하게 타오르는 바이올렛 불꽃을 요청한다면 당신에게 적용되지 않습니다. 다른 사람들을 용서하고 인류를 향해 용서를 쏟아 내면, 당신은 자유로워질 것입니다.

Chapter 9   생명, 빛, 신—모두 하나

힐라리온

    사랑하는 여러분, 오늘 저녁 이 지구상의 인류를 돕기 위해 여러분에게 찾아오게 되어 무척 기쁩니다. 나는 지금까지 이루어진 엄청난 진보에 환희하고, 승리의 길이 아직 열려 있다는 사실이 매우 기쁩니다.

    나의 빛을 보태는 것을 통해, 당신이 인류 안에서 일어날 활동을 지켜보기를 바랍니다. 상승 마스터들을 알고 있는 이들은 나의 과학과 연구 분야에서의 활동에 오래전부터 익숙해져 있겠지만, 나는 다른 여러 방식으로도 존재해 왔습니다. 오늘 밤 내가 당신에게 찾아온 것은 당신에게 특정한 사실들을 알려 주기 위함입니다.

    빛은 하나라는 사실을 항상 기억하세요. 빛은 실체, 의식, 그리고 활동이며, 그 안에서 생명과 신은 같습니다. 이 세 가지, 즉 실체, 의식, 그리고 활동은 하나입니다. 이 사실을 알고, I AM이 모든 것과 하나라는 사실을 알면, 당신은 상위 차원의 상을 물질계로 하강시켜서 응고시키는 물현화를 근거 없는 사실이 아니라는 것을 알 수 있습니다. 어떠한 열망에 관심과 느낌을 지속적인 에너지의 흐름으로 집중하면, 그 열망은 실체적인 물질로 나타날 것입니다. 열망이 진실되고, 관심이 한결같고, 느낌이 확고하다면, 그것이 나타나지 않을 수 없습니다. 물현화는 몇 년 동안은 기이한 활동으로 보이겠지만, 결국 널리 알려질 것입니다. 몇몇 사람들은 I AM 현존에 대해 배울 것이고, 그들이 열망하는 것은 무엇이든지 즉시 물현화를 할 수 있을 것입니다.

이전 생애에서 자연의 원소, 특히 황금의 신(God of Gold) 또는 자연의 신(God of Nature)과 의식적으로 함께 일했던 이들은 이번 생애에서 물현화를 매우 자연스러운 활동으로 받아들일 것입니다. 당신이 시간이나 공간이 존재하지 않는 하나 됨 속으로 들어가 물현화의 활동을 받아들이면, 이것은 일상적인 현상이 될 수 있습니다. 그러나 당신의 열망이 에고에서 비롯된다면, 자신과 타인의 이중성이 필수적인 하나 됨의 상태에 진입하는 것을 막습니다.

현재 미국에서 준비되고 있는 새로운 운송 수단이 있는데, 이것은 너무나도 혁명적이어서 이를 가져오고 있는 두 개의 채널이 이것을 출시하기를 두려워하고 있습니다. 나는 그들이 보호받을 수 있도록 노력하고 있습니다. 그것이 빠르지만 안전한 운송 수단이며, 구조상 어느 곳에도 바퀴를 사용하지 않는다는 사실은 당신에게 알려 주어도 무방할 것이라 믿습니다. 그것은 아틀란티스에서 사용되었던 운송 수단들과 유사합니다.

나의 도움을 받고자 하는 이들에게 부탁할 것이 하나 있습니다. 그것은 바로 정확하게 생각하고 말하라는 것입니다. 나는 과장하려는 경향을 정말 많이 보았습니다. 마스터가 되려면 감정적으로 평온해야 하고, 생각하고 말하는 데 있어 전적으로 정확해야 합니다. 이는 당신이 당신의 모든 생각과 계획을 친구들에게 밝혀야 한다는 의미가 아닙니다. 그러나 당신이 밝히기로 한 사실에 있어서는 전적으로 진실되고 정확하게 밝혀야 합니다. 나는 누군가 "아, 나는 이것을 저것보다 천 배는 더 좋아합니다."라는 식으로 말하는 것을 정말 많이 들었습니다. 이는 현명한 표현 방식이 아닙니다. 과장하기보다는 당신의 느낌을 정확하게 표현하는 것이 낫습니다. 당신이 정확하게 표현할 수 있도록 스스로를 단련시켰다면, 당신은 과거를 되짚어 당신이 이전에 말한 것에 대한 사람들의 인상을 바로잡지 않아도 될 것입니다. 기억하세요. 단어 뒤에 숨은 느낌은 종종 단어 자체보다 중요합니다. 그러므로 항상 사랑으로 말하려고 노력하세요.

세인트 저메인은 내가 당신에게 당신 행성의 창조 활동과 그 행성이 영구적인 완전함의 상태로 상승하기 전에 거쳐야 할 다양한 변화에 대해 알려 주기를 바랍니다. 우주는 사실 하나의 거대한 원자이고, 모든 원자는 사실 아주 작은 우주입니다. 당신의 행성이 아주 작은 부분을 차지하고 있는 이 우주는 끊임없이 확장하고 있습니다. 점점 더 큰 빛이 위대한 중심 태양에서 우주로 쏟아져 나와 새로운 세계들을 형성하고 있으며, 주어진 존재의 수명이 다한 세계를 다시 그 빛 안으로 받아들이고 있습니다. 이것이 바로 끝없는 창조와 소멸 속에서 자신의 안팎으로 흘러 들어가고 흘러 나가는 사랑의 활동입니다.

우주의 광활함을 이해하려면, 가슴속을 들여다보고 다음의 사실에 대해 숙고하세요.

나는(I AM) 물질, 에너지, 그리고 진동의 마스터입니다.
I AM the Master of Substance, Energy, and Vibration.

만물을 아는 자(Knower of All Things)로서 이 의식을 가진다면, 당신은 우주 어디에서나 마스터로서 걸음을 옮길 수 있습니다. 다음과 같이 말하세요.

나는(I AM) 그 어떤 사람도 닫을 수 없는 열린 문입니다.
I AM the Open Door that no man can shut.

이렇게 말하는 것은 당신이 모든 현현의 마스터로서 베일을 통과하여 걸어 나가고, 위대한 중심 태양의 빛 속에 설 수 있도록 하는 힘을 쏟아 낼 것입니다.

이 행성은 위대한 중심 태양으로부터 나와 창조의 일곱 광선(Seven Rays of Creation)을 통과한 일련의 빛의 전류로 형성되었습니다. 이 행성은 그 자체로 더 위대한 존재의 일부입니다. 어느 행성에서든 그 안에서 살아가는 인류 중 충분한 수가 하나의 법칙과 사랑의 법칙을 배우면, 행성 자체의 진동 작용이 상승하고, 점점 더 큰 빛을 발산하며, 상승의 소용돌이 속에서 전에 없이 높이 올라갑니다.

황금시대가 머지않았습니다. 상승 상태에 있는 우리들은 우리가 지구의 땅으로 자유롭게 나아가 자신의 신적 현존에 대한 순종을 배운 이들에게 우리의 가르침을 줄 수 있을 날을 고대하고 있습니다. 이해, 사랑 그리고 연민을 통해 인류가 위대한 문명을 이룩할 수 있는데, 계속해서 파괴하는 것이 얼마나 어리석은가요. 그러나 많은 사람들이 절망의 벼랑 끝까지 몰아세워질 때까지 이해하려 하지 않을 것입니다. 한 사람의 의식이 진보할수록 그 이해는 쉬워집니다. 세상의 외적인 모습과 상관없이, 당신 한 사람 한 사람은 지금 당장도 신의 집으로 들어가 모든 방해물을 차단하고 모든 것의 마스터로서 침착하고 평안한 상태를 유지할 수 있습니다.

가장 빛나고 거룩하신 이여, 무한한 I AM 현존이여, 당신의 타오르는 불꽃 앞에 우리가 서 있습니다. 우리는 당신의 안에서 스스로를 깨닫고, 언제나 당신의 완전함을 확장하기 위해 노력하며, 언제나 지구의 자녀들에게 당신의 빛을 더욱 많이 쏟아 내기를 요청합니다. 나는(I AM) 당신과 하나입니다. 모든 순간에 나를 통해 당신의 완전함을 확장해 주세요. 완전한 활동(Perfect Action)에 딸려 오는 평화가 모든 인류의 가슴과 마음에 스며들어 그들을 빛으로, 신성한 사랑의 황홀함으로, 그리고 만물의 하나 됨에 대한 완전한 이해로 채우기를 바랍니다.

Chapter 10   에너지와 진동

마하 초한

    당신에게 에너지와 진동의 법칙에 관해 이야기하게 되어 영광입니다. 물질과 에너지를 관장하는 법칙을 이해하면, 당신은 우주 안에서 당신이 나아가는 곳 어디든지를 마스터리로 지휘할 수 있습니다. 에너지, 물질, 진동은 모두 사랑의 면모입니다. 그리고 이 사랑은 신과 동일합니다. 이에 대한 진정한 이해는 당신이 감사의 마음으로 당신의 가슴을 하나로 상승시키고, 당신의 마음이 우주의 위대한 I AM 현존에 몰두할 때만 찾아옵니다. 그러면 당신은 죽음은 없다는 사실을 깨달을 것입니다. 생명, 사랑 그리고 신은 하나이기 때문입니다.

    에너지를 발산하는 것은 한낱 희망적인 사고방식이 아닙니다. 그저 희망이나 기도가 아니라는 뜻입니다. 당신의 현존은 당신이 이해하는 것보다 훨씬 더 강력한 에너지의 저장고이며, 이 에너지는 당신이 상승할 때 당신의 육체적인 형상을 비물질화할 수 있을 정도로 강력합니다. I AM 현존은 산도 움직일 수 있습니다. 당신이 현존을 받아들이고 부르는 것이 바로 그 무한한 에너지가 나올 수 있는 문을 여는 길입니다. 현존의 온전한 힘이 한순간에 당신을 통해 뿜어낸다면, 밝은 빛의 섬광이 나타나며 당신의 육체적인 몸은 더 이상 존재하지 않게 될 것입니다. 활동하는 전능하신 신이신 이 위대한 생명의 현존은 이 에너지를 즉각 발산해 그 어떤 기적이라도 일으킬 수 있습니다.

이를 이해하기 위한 열쇠는 당신의 가슴속에 있습니다. 오직 가슴속에서만 당신의 열망이 충분히 정화되어 신의 무한한 에너지가 흘러나올 수 있게 할 수 있습니다. 신께로 당신의 가슴을 열고 만물의 저장고로부터 순수하고 완전한 계획을 받아들이는 법을 배우세요. 그러면 그 에너지는 당신을 통해 쏟아 내어져 당신이 자신의 이해를 넘어서는 일을 성취하게끔 할 것입니다. 그러나 당신이 간구하는 것이 당신의 인간적인 바람이 아니라 I AM의 뜻인지 반드시 확인하세요! 당신이 바라는 것을 이루기 위해 육체적인 노동을 해야 할 수 있습니다. 신이 당신에게 주신 일을 사랑하면, 당신은 그것을 성취하게 될 것입니다.

축복받은 여러분, 나의 지시 아래 일하는 원소들이 커다란 숲 속의 거대한 나무들 또는 풀과 꽃이 자라는 대초원의 성장을 지휘하는 일을 맡게 되었을 때, 그들이 법칙을 알지 못했더라면 그들은 맞닥뜨리게 되는 돌 하나하나가 문제라고 말할 수도 있습니다. 그들은 물이 흐르는 협곡 하나하나가 장애물이라고 말할 수도 있고, 그들의 일에 절망하며 "이 모든 아름답고 장엄한 것들이 지구의 땅 위에 자라게 하는 것이 무슨 소용이 있습니까? 대체 얼마나 큰 비용, 얼마나 많은 에너지를 희생해 이 모든 것들이 만들어지고 있습니까? 그 누구도 이것들의 진가를 알아보지 못합니다. 인류는 이것들을 파괴하는 방법을 알게 된 즉시 이것들을 파괴할 뿐이고, 그들은 매일 파괴하는 법에 대해 더 많이 알게 됩니다."라고 말할 수도 있습니다. 그러나 원소들은 멈추지 않습니다. 그들은 온갖 장애물을 뚫고 끊임없이 새로운 아름다움과 완전함을 창조하고 선보입니다.

당신이 만물이 자라나는 소리를 들을 수 있다면, 심지어는 돌처럼 자라지 않는 것들의 소리마저 들을 수 있다면, 당신은 만물의 완벽한 조화를 들을 수 있을 것입니다. 불화가 어디에 있나요? 어디에도 없습니다. 장애물이나 문제가 있나요? 없습니다! 이는 당신에게도 마찬가지입니다. 당신 역시 자라나고 있기 때문입니다. 당신의 가슴속에 있는 빛은 밖으로 뻗어 나가고 있고, 나아가는 길에서 다른 사람이라는 형태를 가진 만만치 않은 화강암 조각을 만날 수도 있습니다. 걱정하지 마세요. 그 사람 역시 그 이해의 단계에서 그곳에 있는 목적이 있고, 그 또한 무한의 일부이기 때문입니다. 당신 역시 조화되어 있도록 하세요.

당신의 동기를 순수하게 하고 의도를 올바르게 하세요. 당신의 가슴에 대해 명상하고 당신의 가슴과 머리 위에 계신 신께 의지하세요. 신은 실재하고, 진실되고, 전능하며, 그 앞에 온 우주가 고개를 숙입니다. 그 신적 현존에게 다음과 같이 말하세요.

오 사랑하는 I AM이여, 나타나셔서,
O Beloved I AM, come forth,

이 상황에 당신의 순수한 에너지를 뿜어내어 주시고,
Release into this situation Thy Pure Energy,

당신의 완전함을 이곳으로 가져와 주세요.
And bring about Thy Perfection here.

그런 다음 당신의 사랑이 앞으로 나아가 당신이 바라는 것을 성취하게끔 하세요. 축복받은 여러분, 당신의 기쁨과 자유의 경험에는 한계가 없습니다. 어떤 현상, 징조, 또는 증거를 가만히 기다리지 마세요. 그저 모든 것이 이루어졌음을 받아들이면, 당신이 꿈꾸는 것보다도 많이 이루어질 것입니다.

사랑하는 학생들과 친구들이여, 오늘 밤 그리고 매일 밤마다, 내일과 앞으로 다가올 모든 내일마다, 영원토록 당신을 나의 가슴 안에 품고 축복합니다. 앞으로 나아가면서 기뻐하세요. 빛 속에서 굳건하게 걸으세요. 언제나 머리 위를 바라보고, 오 사랑하는 여러분, 생명의 현존인 전능하신 신께서 당신에게 주시는 에너지가 흘러나와 굶주리고 목마른 세계를 축복할 수 있도록 당신의 가슴을 열어 두세요. 나의 모든 사랑과 축복이 지금 그리고 앞으로도 영원히 당신과 함께합니다. 당신에게 감사합니다.

Chapter 11 진정한 침묵

지혜의 여신

    지구를 휩쓸고 있는 빛의 활동에 있어서, 영원한 진보는 I AM에 대한 완전한 이해 안에서만 이루어질 수 있습니다. 그 이해는 사랑, 지혜, 그리고 힘이라는 불씨의 삼위일체(Trinity of the Unfed Flame) 안에 담겨 있습니다. 지혜 없는 사랑은 육체적인 속박으로 이어집니다. 지혜 없는 힘은 활동하지 않고 잠잠히 고여 있는 웅덩이에 불과합니다. 그리고 사랑 없는 힘은 그저 물리적인 힘, 즉 다른 사람들을 당신의 욕망에 묶어 두려는 의지의 힘입니다. 불씨의 세 가지 요소가 조화를 이루어야만 그것의 완벽한 조화가 도래할 수 있습니다.

    나는 인류를 섬기기 위해 이곳에 왔으니, 당신이 마음 놓고 나를 불렀으면 합니다. 옛날에 당신은 나를 다른 이름으로 알고 있었습니다. 그 생애 이후, 나는 상승을 이루었고 온전히 순수하고 완전한 존재로서 앞으로 나아갔습니다. 세월이 흐르는 동안, 남자 여자 할 것 없이 나를 찾아와 나의 지혜를 간구했지만, 유감스럽게도 대부분의 사람이 사랑으로 간구하지 않았는데, 나는 사랑이 있는 곳에서만 활동을 개시합니다.

세대를 거듭하고 세기를 거듭하면서 사람들은 그들이 지혜라고 부르는 지식을 찾기 위해 세상 곳곳을 뒤졌습니다. 하지만 그 지식은 지혜가 아닙니다. 당신이 지식을 찾기 위해 어디에 의지하든 간에, 지혜로 향하는 길은 오직 당신의 I AM 현존을 향한 사랑과 타인을 돕고자 하는 당신의 열망을 통해서만 발견할 수 있습니다.

다음 주기에서 당신은 소멸시켜야 할 오래된 개념이 많다는 사실을 알게 될 것입니다. 그러면 내 지혜의 충만함이 모든 이들의 마음과 가슴을 통해 타오를 것입니다. 나의 빛은 장대한 황금빛 광선으로 쏟아져 나오는데, 이는 우주에서 사랑 다음으로 높은 진동률입니다. 지혜는 사실 활동하는 사랑이기 때문입니다.

나는(I AM) 모든 시대에 동일한 영원한 진리입니다. 나는(I AM) 활동하도록 부름을 받았을 때 당신의 가슴과 마음에서 무수히 많은 빛의 광선으로 뿜어져 나오고, 모든 이들에게 사랑과 지혜를 가져다줄 지혜의 장대한 불꽃입니다.

당신의 앞을 밝힐 깨달음을 위해 나를 부르세요. 나는(I AM) 모든 부정직하고 불충실한 것을 영원히 추방하고, "I AM"이라는 단어들에 담긴 생명에 대한 완전한 이해를 가져오는 온전한 깨달음입니다. 세인트 저메인의 사랑하는 학생 여러분, 당신의 심장을 뛰게 만드는 위대한 빛으로 주의를 돌리기를 간청합니다. 그렇게 하면 I AM 그 자체인 깨달음이 모든 환상을 소멸시키고 당신을 생명의 진실과 하나가 되게 할 것입니다.

사랑하는 여러분, 지혜는 모든 일에 있어 당신의 현존에 가장 먼저 의지하는 것으로부터 옵니다. 때로는 침묵하는 것이 가장 큰 지혜입니다. 당신의 확언에 절대 부정적인 표현을 사용하지 마세요. 그런 표현을 사용하는 것으로 당신은 제거하고자 하는 바로 그 활동에 당신의 파장을 맞추게 되기 때문입니다. 절대 특정한 사람에게 나쁜 일이 생기기를 바라지 마세요. 당신이 내보내는 에너지는 당신에게로 돌아오기 때문입니다. 하지만 당신이 옳다고 알고 있는 것들에 대해서 강하고 확고한 입장을 취하는 것은 지혜가 될 수 있습니다.

먼저, I AM 현존을 불러 당신이 영향을 미치고자 하는 특정한 상황에 대해 당신이 가지는 모든 인간적인 욕망과 환상을 소멸시키세요. 활동하는 것은 당신의 의지가 아니라 현존입니다. 당신이 옳고 그르다고 생각하는 바를 내려놓고, 당신의 신적 자아를 믿으세요. 그렇게 하면 당신은 잘못될 수 없습니다. 외적인 세계에는 영원한 가치를 가진 것이 없으므로, 세속적인 가치에 당신 자신을 맞추지 마세요. 진정한 가치를 가진 것들은 언제나 내면적인 것입니다. 그것들은 소위 말하는 무형의 요소들, 즉 상승 마스터의 자질들입니다. 이 자질들은 모든 시대에 있어 인류의 영구적인 초석이며, 그것들 없이는 문명이 존재하지 못할 것입니다. 당신은 반드시 이 자질들을 지지해야 합니다.

누군가가 당신이 잘못이라고 여기는 일을 저지르려는 것을 보게 된다면, 조용히 그의 현존을 불러 그에게 진실을 보여 달라고 요청해도 됩니다. 나는 당신의 길에서 가장 중요한 한 걸음은 침묵을 배우는 것이라고 자신합니다. 당신은 당신의 혀를 완전히 통제할 줄 알아야 합니다. 당신의 혀에서 흘러나오는 통제되지 않은 단어들에 가장 많은 대가를 치르게 되기 때문입니다. 당신의 주의력을 고요하게 하고, 당신과 신성의 하나 됨을 받아들이세요. I AM의 신성한 지혜가 당신의 마음과 존재를 그의 황금빛 빛과 물질로 가득 채우게 하세요. 내적 법칙(Inner Laws)을 믿지 않는 사람들과 이 법칙에 대해 논의하지 마세요. 대신 그 법칙을 적용하세요. 그렇게 하는 것은 당신을 모든 상황의 주인으로 만들 것입니다. 그리고 그때가 되면 당신의 활동을 관찰하는 사람들은 당신과 같은 지혜를 얻기를 원하게 될 것입니다.

의식은 모든 공간을 채웁니다. 마스터리를 성취하기 위해 물리적인 세계에서 그 의식을 집중시키는 법을 배우세요. 가장 높은 것과 가장 낮은 것, 전체와 일부는 전부 하나입니다. 당신이 이 사실을 깨달으면, 모든 것을 이룰 수 있습니다.

Chapter 12   당신의 창조력

베네시안

    마스터리로 향하는 길에 있어 첫걸음은 당신의 관심을 I AM 현존에게로 돌리는 것입니다. 그렇게 한 다음, 그 빛을 지니고 있는 사람은 언제나 겸손하고 모든 사람의 진정한 가치를 알아보아야 한다는 것을 기억하세요. 여러분 중 가장 위대한 사람은 다른 사람이 자신을 표현할 수 있도록 가장 기껍게 한 걸음 물러나는 사람일 것입니다. 어떤 사람이 훌륭한 자질들을 가졌는데 자존심을 함께 가지고 있다면, 그 자존심이 좋은 자질들을 압도해 재앙을 초래할 수도 있습니다.

    마스터는 한 사람에게 격려, 사랑, 친절, 그리고 신적 열망(God-desire)을 쏘아 내지만, 간섭하지는 않습니다. 어떤 형제나 자매가 자의적으로 잘못을 저지른다면, 그 잘못은 그의 세계에 속한 것이며 간섭하지 않을 때 가장 빠르게 해결될 것입니다. 빛의 학생으로서 당신의 의무는 당신의 I AM 현존을 부르는 것입니다. 당신의 I AM 현존은 소위 말하는 "오류"를 범하려는 사람의 현존과 하나입니다. 그러니 당신의 현존을 불러 잘못된 행동이 발생하지 않도록 신성한 사랑과 축복의 느낌을 뿜어내세요. 그리고 그 사람이 자의적으로 나아가 그 행동을 저지르더라도, 그 행동 때문에 그들을 낮게 평가하지 마세요. 당신은 그 사람이 배워야 할 가르침이 무엇인지 알지 못하고, 그 사람에 대한 당신의 감정은 변해서는 안 됩니다.

그리고 이 안에서 나의 다음 요점을 찾을 수 있습니다. 만약 당신이 어떤 사람을 다른 사람들보다 더 사랑한다고 느낀다면, 당신은 당신 자신뿐만 아니라 그 사람의 축복마저 빼앗고 있는 것입니다. 당신은 당신의 사랑을 받을 자격이 있는 것처럼 보이는 사람들뿐만 아니라, 당신의 사랑으로 도움을 받을 수 있는 사람들을 더욱 사랑할 의무가 있습니다. 당신은 봉사의 길을 걷고 있습니다. 이 봉사는 가장 먼저 당신 자신의 I AM 현존을 위한 것이고, 그다음으로 다른 사람들을 위한 것입니다. "타인"으로 보이는 사람들은 사실 당신 자신입니다.

무익한 말은 인류에게 엄청난 불행을 가져오므로, 말하기 전에 깊이 생각하세요. 어떤 말을 하기 전에, 그 말이 듣는 사람들에게 어떤 영향을 미칠지 잘 생각해 보세요. 상승 주최자(Ascended Host)를 포함해 이 세상의 모든 사람 앞에서 이야기하듯이 말하세요. 그때에야 당신의 말은 다른 사람들을 해치지 못하는 신의 연설이 될 것이고, I AM의 말씀이 온전한 힘으로 당신의 안에 흐를 것입니다.

또한 나는 다음과 같이 경고하고 싶습니다. 당신이 웃거나, 농담하거나, 친밀감을 느끼기 시작할 때, 그 웃음 안에 무의식적인 우월감을 섞지 마세요. 그 우월감은 한 번의 웃음, 잔인한 말, 눈빛, 또는 몸짓으로 상대를 즉각 베어 버릴 수 있습니다. 즐거운 동안에도 조심하세요. 기억하세요. 지나가듯 던진 비방에는 공개적이고 직접적으로 한 말보다 더 큰 상처를 입힐 만한 힘이 있습니다. 명료하고 분명하게 말하세요. 당신이 하고 싶은 말에 그만한 가치가 있다면, 모두가 들을 수 있도록 크게 말하세요. 당신이 하고 싶은 말이 모든 사람을 위한 것이 아니라면, 당신이 생각한 것을 아예 말하지 말고, 암시하지도 마세요. 대신 만물이 일부 되는 하나 됨을 깨달으세요. 그렇게 하면 당신은 다른 사람들과 소리 없이 소통하며, 당신이 전하고자 하는 것만 전달할 수 있음을 알게 될 것입니다.

대화하는 상대마다 하나의 상승 마스터로 대하세요. 당신이 만난 사람이 상승 마스터인지 아닌지 어떻게 알 수 있나요? 나는 당신에게 꽤 놀랄 만한 사실을 말해 줄 수 있습니다. 과거에 상승 마스터와 악수를 하고도 이를 알지 못했던 사람들이 있습니다.

상승 마스터를 만날 것을 기대하세요. 그리고 당신이 다른 사람들을 돕기 위해 노력하면, 그 봉사에 임하는 당신의 겸손하고 조용한 기쁨이 마스터를 당신에게로 데려올 것입니다.

 사랑하는 여러분, 기억하세요. 당신이 만나는 모든 사람은 영적인 길을 걷고 있습니다. 당신이 그들을 도울 때, 당신은 당신 자신을 돕는 것입니다. 모든 존재는 하나잖아요? 당신이 형제나 자매를 위한 축복을 불러올 때, 그 에너지 중 육십 퍼센트 이상이 당신의 세계 안에 남아 활동합니다. 욕하거나 비난하는 것이 절대 지혜롭지 않은 이유를 알겠나요? 당신의 오라 안에 같은 행동을 강화하는 일이기 때문입니다. 시계를 만드는 일에는 장인이 필요하지만, 부주의한 아이는 그 시계를 한순간에 망가뜨릴 수 있습니다. 하지만 그 아이가 그 시계를 고칠 수 있을까요? 할 수 없습니다. 사람들에게도 마찬가지입니다. 사람 역시 부주의함으로 인해 쉽게 망가질 수 있습니다. 의식적으로 마스터리의 길을 걸어 나가는 이들은 항상 다른 사람을 배려하고 도와야 합니다. 이와 같이 도움을 줄 때, 당신 자신 역시 돕게 됩니다.

 슬프게도 나는 연인 사이에서 수많은 오해가 발생하는 것을 보았습니다. 가장 고통스러운 오해 중 하나는 한 사람이 자신이 진보를 이루기 위해서는 모든 연결고리를 끊고 이혼해야 한다고 느낄 때 일어납니다. 맞아요, 모든 인간관계는 제약을 수반합니다.

하지만 나는 I AM 현존으로부터 충분한 이해를 불러오면, 제약을 동반하는 것 같은 그 관계를 신성한 사랑과 축복의 분출로 바꿀 수 있다고 말합니다. 이별을 고려하고 있는 사랑하는 이들은 만물의 하나 됨에 대해 잘 생각해 보아야 합니다. 당신이 다른 사람을 위해 봉사하는 법을 먼저 배우지 않는 이상, 어떻게 위대한 백색 형제단(Great White Brotherhood)과 협력할 만큼 상승할 수 있겠습니까?

다시 언어의 활동에 대한 이야기로 돌아가, 누군가 당신에게 말을 걸 때, 그가 어떤 말을 하든 간에 그 사람은 당신을 사랑한다는 사실을 기억하세요. 그 사람이 당신에게 욕하더라도, 사랑이 그 안에 있지 않았더라면 그는 욕할 기분조차 들지 않았을 것입니다. 당신이 모든 사람의 안에 있는 사랑을 깨닫고, 그 사실을 깨달음으로써 그 사랑을 강화한다면, 악의적인 의도를 가진 사람은 걸음을 멈추고 입을 다물게 될 것입니다. 당신은 당신의 사랑을 통해, 그리고 우리는 모두 하나의 신성한 가족(Divine Family) 안의 형제자매라는 심상을 유지하는 것을 통해 사람을 변화시킬 수 있습니다. 당신에게 그 내면의 사랑이 보이지 않는 사람의 경우, 당신은 그 사람을 미래에, 혹은 다음 생에 다시 만나게 될 것입니다. 다른 사람을 희생해 당신 자신을 발전시키려 하지 마세요. 당신이 당신 자신의 지위를 발전시키고자 한다면, 당신이 더 큰 봉사를 얼마나 베풀 수 있을지 살펴보세요. 당신이 한 봉사를 당신의 공으로 돌리려 하지 마세요. 그 어떤 공적도 당신 개인의 것이 아니기 때문입니다. 모든 것은 신, 즉 당신의 I AM 현존으로부터 옵니다. 다음과 같은 의식 안에서 살아가세요.

나는(I AM) 내가 되고자 하는 모든 것입니다.
I AM all that I wish to be.

이 성취의 의식(Consciousness of Fulfillment) 속에서 당신은 엄청난 조화와 환희를 발산해 다른 사람들을 같은 사랑을 누리고자 하는 열망 속으로 끌어올릴 것입니다. 나는 당신이 자유롭게 사랑하기를 바랍니다. 이렇게 말할 때 나는 당신이 "자유로운 사랑"이라고 부르는 것을 의미하는 것이 아닙니다. 내가 의미하는 바는 I AM 현존을 불러 그의 사랑을 모두에게 자유롭고 한계 없이 쏟아 내라는 것입니다. 오늘 백만 명의 사람이 모두 함께 단 5분 동안이라도 그렇게 한다면, 이를 통해 만들어진 사랑은 세상을 바꿀 것입니다. 이것이 바로 우리가 바라는 일입니다.

나의 위대한 보물 창고의 충만함으로부터 인류의 가슴과 마음 안으로 흘러 들어가 그들을 사랑, 빛, 환희, 그리고 끝없는 풍요로 채웁니다. 나는(I AM) 모든 것이고, 나는(I AM) 쏟아 낸 빛의 힘이기 때문입니다. 오, 생명의 놀라운 현존이여, 전능하신 I AM이여, 우리는 온 세상 모든 사람의 가슴과 마음 안에 존재하는 당신을 인정합니다. 우리는 모든 사람 안에 오로지 신, 선함, 그리고 완전함만이 있음을 압니다. 그것을 아는 우리는 평화롭고, 지금 모든 불화가 그칩니다.

Chapter 13 　당신이 I AM 현존입니다

여러 마스터들

　사랑하는 여러분, 당신은 생명의 지고한 현존(Supreme Presence of Life)인 I AM입니다. 그건 정말 지고한 일입니다! 당신은 개별화된 신의 불꽃이고, 당신의 근원을 인정하는 것을 통해 이 행성에 평화와 조화를 가져옵니다.

　근원의 끊이지 않는 에너지의 흐름은 당신의 몸과 심장으로 흘러들어 당신의 혈관 속 피가 흐르도록 하고, 생명이 존재할 수 있게 합니다. 당신의 안에 솟구치는 생명이 활동하는 신이라는 사실을 깨달으면, 결핍을 느끼기란 불가능할 것입니다. 당신은 창조주와 한 몸입니다. 이는 당신이 숨을 쉬거나 손을 들어 올릴 때 사용하는 에너지와 동일한 것입니다. 그러므로 당신이 자신감, 힘, 또는 에너지가 부족하다고 느끼는 것은 불가능합니다. 당신은 지금 그리고 언제나 당신의 안으로 솟구치는 빛의 온전한 힘을 가지고 있습니다.

신은 실재하십니다! 신은 당신의 가슴과 삶 안에 계시며, 매 순간 당신의 현실을 채우고 계십니다. 당신이 허락하기만 한다면, 바로 그 신이 당신을 앞으로, 그리고 상위로 데려가실 것입니다. 이 생명의 위대한 현존, 즉 당신으로 개별화된 신인 I AM 현존은 이 행성과 무한한 시공간에 존재하는 모든 개별화된 신의 중심(Individualized God Focus)을 다스리는 바로 그 의식입니다. 신은 오직 한 분뿐입니다! 오직 하나의 빛만이 존재합니다! 그 하나는 I AM입니다. 당신이 이 위대한 의식과 한 몸임을 깨달으면, 당신을 가로막던 모든 것을 빠르게 치워 버릴 수 있을 것입니다.

영원히 꺼지지 않는 불꽃, 즉 I AM 현존과 당신이 하나임을 경험하지 않는 이상, 당신이 얼마나 많이 공부하는지, 무엇을 아는지는 중요하지 않습니다. 당신이 그 하나 됨을 경험하는 순간부터, 당신은 절대 등을 돌릴 수 없습니다. 이제 당신은 당신이 바로 그것(That)임을 알기 때문입니다! 이 진실이 바로 이 세상의 빛입니다. 매 순간 당신은 당신의 심장을 뛰게 하는 그 위대한 신의 힘(God Force)과 접촉하고 있습니다! 지침을 비롯해 당신이 필요로 하는 모든 것을 위해 그 현존에게 의지하세요.

생명의 근원으로서 당신의 내면에 존재하는 위대한 신적 현존, 즉 당신 자신의 신성을 사랑하세요. 신적 존재로서 당신이 가지는 책임, 즉 완전하게 행동하며 세상에 완전함을 가져올 책임을 깨달으세요. 당신이 마주치는 모든 것을 완전함의 이미지로 마음속에 간직하면, 그 완전함이 그들에게로 흘러 들어갈 것입니다. 당신의 현존이 활동하도록, 당신의 안으로 밀려들고 휘몰아쳐서 평화와 완전함을 가져오도록 요청하세요. 지금 당장 이 위대한 현실을 받아들이세요. 이것은 진실이니까요! 이를 깨달으세요! 사람들이 당신과 손을 맞잡고 다가오는 시대의 완전함 속으로 나아갈 수 있도록, 이를 표현하세요.

당신의 심장이 뛰도록 하는 그 위대한 현존은 만물을 감싸는 신의 끝없는 현존(All-enfolding Limitless Presence of God)입니다. 당신의 가슴을 통해 흐르는 그 강력한 빛의 에너지를 느끼세요. 당신의 마음에 새겨진 I AM 현존의 의식을 받아들이세요. 그런 다음, 이 법칙들을 적용해 마스터가 되세요. 그렇게 하면, 살아 계신 신, 즉 행동하는 삶의 온전한 힘이 언제든지 당신의 안에 솟구쳐 당신이 요청하지 않더라도 당신이 필요로 하는 보호, 도움, 또는 지침을 주실 것입니다. 주로 육안으로는 보이지 않는 신의 활동이 실재함을 받아들이는 법을 배우세요. 당신이 우주에서 가장 강력한 이 보이지 않는 힘으로부터 득을 볼 수 있도록 그렇게 하세요.

이 가르침은 몇 세대에 걸쳐 인류에게 주어졌습니다. 아마도 이곳저곳에 모인 소수의 사람에게, 또는 지구의 한구석에 있는 어떤 사람에게요. 이 사람들은 오랜 세월에 걸쳐 느리게, 그리고 고통스럽게 훈련되고, 계몽되고, 길러졌습니다. 그리고 오늘날, 이 사람들은 인류의 길잡이가 되었습니다.

당신의 가슴속에서 현존의 목소리가 들린다면, 이것이 바로 당신을 향한 부름입니다. 당신은 당신의 현존을 부르고 그의 지시를 듣는 것을 통해 그 부름에 응답할 수 있습니다. 그렇게 해야지만 당신은 진보하고, 불확실함과 한계의 구속을 넘어설 수 있습니다. 그렇게 해야지만 당신은 빛의 영원한 예복을 입고, 죽음이라는 환상을 영원히 버리고, 신으로서 빛의 영원한 전당 안으로 걸어 들어갈 수 있습니다.

앞서 나간 사람들을 따라가기로 결정한 이들에게 나는 좌우를 보지 말고 오직 빛이 있는 앞과 상위만을 보라고 말합니다. 영원토록 존재하고 모든 공간을 아름다움으로 채우는 사랑의 노래를 부르세요. 두려워하지 말고 영원한 현존을 찬양하며 앞으로 나아가세요. 그런 다음, 다음과 같이 말하세요.

사랑하는 I AM 현존이여, 내가 더 할 수 있는 일이 있을까요?
Beloved I AM Presence, what more can I do?

I AM 현존과 하나가 되는 것은 모든 사람의 목표이고, 당신이 가슴과 머리 위에 존재하는 그 현존에게로 주의를 돌릴 때 당신은 당신이 유래한 생명의 근원으로 돌아갑니다. 당신은 당신을 상승 안에서의 위대한 승리로 데려갈 활동에 참여하게 됩니다. 당신의 I AM 현존에 대해 생각하거나 다른 사람들을 축복하기 위해 현존을 부르는 일을 멈추지 마세요. 오랜 세월 동안 숨겨져 있던, 당신이라는 존재에 대한 이 진실이 마침내 당신에게 드러났다는 사실에 감사하기를 멈추지 마세요.

당신이 하는 모든 일에 있어 현존을 받아들이세요. 어떤 일을 시작하기 전에, 당신의 머리 위에 머물며 당신이 하려는 일을 감독하고 있는 당신의 신적 자아의 현존을 바라보세요. 당신의 전기적 육신(Electronic Body)의 빛이 활활 타오르며 앞으로 나아가는 것을 바라보세요. 모든 사람의 머리 위와 가슴에 있는 신적 자아를 바라보세요. 그리고 그들이 자신의 I AM 현존의 순수한 백색광(White Light Purity)에 둘러싸여 있는 모습을 보세요. 신이 그 사람 안에서 활동하고 있음을 아세요. 그리고 당신이 목격하는 모든 상태는 그것이 당신에게 있어 아무리 어렵더라도 완전함의 활동이 나타나고 있는 것임을 아세요.

모든 일에 대한 즉각적인 해결책으로서 I AM 현존을 부르세요. 내가 "즉각적인 해결책"이라고 말하는 이유는, I AM 현존 안에서는 만물이 시공간 밖에 존재하는 하나이기 때문입니다. 그리고 당신이 완전함이 나타나게 해 달라는 요청을 보낼 때, 절대자(Absolute)의 수준에서는 그것이 이미 이루어졌음을 아세요. 그런 다음 그것이 물리적인 수준으로 흘러 내려올 동안 시간을 가지고 기다리세요. 당신의 부름이 이루어지고 있는지 의심하지 마세요. 그저 이루어지고 있음을 받아들이고, 생명의 위대한 지배력(Great Ruling Power of Life)에게 감사하며 앞으로 나아가세요.

당신의 I AM 현존을 당신의 삶, 당신의 자아, 그리고 당신 세계의 중심으로 삼으세요. 기억하세요. 당신의 I AM 현존과 한 몸이 될 때, 당신은 우주의 중심, 즉 모든 생명이 흘러나오는 중심점입니다. 이 우주의 온전한 힘이 당신의 필요에 따라 언제든지 쏟아 낼 준비가 되어 있습니다!

당신의 완전한 권위와 당신의 신적 통치권(God Dominion)을 받아들이세요. 그런 다음 그 통치의 홀(Scepter of Dominion)을 단단히 쥐고, 당신의 I AM이라고 말하면 만물이 신적 질서를 지키게 될 것임을 알며 앞으로 나아가세요. 당신의 신적 힘을 받아들이고, 당신이 무한하고 영원하며 모든 것을 감싸는 불꽃임을 느끼세요.

인류가 입장을 확고히 해야 할 때가 왔습니다! 인류는 개인적으로, 또 집단적으로 완전한 계획(Perfect Plan)보다 못한 것은 받아들이지 않기로 결단해야 합니다. 그 계획을 인식할 수 있는 수준으로 인간의 이해력을 높일 수 있는 유일한 방법은 인간 의식의 진동수를 높이는 것입니다. 그렇게 하면 인간의 이해력은 신성한 이해력이 됩니다. 이것이 바로 빛의 학생들이 그 빛에 대해 명상해야만 하는 이유입니다. 즉, 이해를 위해 필수적인 높은 진동수까지 그들의 의식을 높이기 위해서입니다.

당신이 봉사하기 위해 왔다는 것을 깨달아야 합니다. 그리고 당신의 위대함은 당신이 이 행성을 위해 봉사한 정도에 따라 결정될 것입니다. 그러나 당신의 개인적인 열망을 다른 사람을 돕고자 하는 열망으로 변화시키는 법을 배우기 전까지 당신은 절대 그 위대함을 성취하지 못할 것입니다. 당신은 모두를 위한 행복을 추구할 때만 행복을 가질 수 있을 것입니다. 당신이 경험해 온 실망과 슬픔이 바로 모두가 고통받을 때 당신 역시 고통받는다는 사실에 대한 증거입니다. 당신은 전체(Whole)의 일부이기 때문에, 모두가 기뻐할 때 당신 역시 기뻐합니다. 그리고 당신의 의식이 확장하면, 당신이 곧 전체입니다. 당신은 무언가에 의해 행동하기를 중단합니다. 대신 당신이 행위자, 즉 신적 현존이 됩니다. 이것이 상승 마스터들이 일하는 방식이며, 당신이 배우게 될 방식이기도 합니다.

마스터가 되려면 당신은 자제력을 배워야 합니다. 이는 이리저리 휘둘리고, 발작적인 격정, 분노, 두려움, 탐욕, 그리고 시기심에 지배받는 낮은 자아의 경향을 훈육하기 위해서입니다. 지성은 당신을 해방하지 못할 것입니다. 오직 자기 관찰만이 당신의 무지를 해소하고 당신을 자유롭게 할 것입니다. 길은 열려 있습니다. 당신의 가슴을 고양하고 평화 안에 머무세요. 인류의 운명을 지키고 지휘해 온 빛의 위대한 주인(Great Host of Light)이 여전히 그 운명을 지키며 지휘하고 있음을 아세요. 신의 빛은 절대 실패하지 않기 때문입니다.

Chapter 14 당신의 신적 통치권을 소유하세요

예수

온 우주를 다스리는 우주적 빛(Cosmic Light)인 위대한 중심 태양이 지구가 존재하도록 명령한 순간, 지구는 타오르는 빛의 태양으로서 영광스럽고 빛나는 모습으로 나타났고, 그 안에 신의 의식으로부터 개별화된 중심점들이 나타났습니다. 모든 사람은 자신의 근원에 대해 온전히 알고 있었고, 그 근원과 하나였고, 오직 사랑만을 표현하며 세상에서 살아갈 수 있었습니다. 사람은 자유의지를 가지고 있었고, 더 많은 사랑을 경험하고자 했기 때문에 근원으로부터 등을 돌리고 다른 사람들에게서 사랑을 찾았고, 심지어는 물질적인 것들을 향한 사랑으로 돌아섰습니다. 하나 됨 안에 남을 수 있었던 모든 개별화된 의식은 사람이 이원성의 의식으로 하락하면서 오랜 시간에 걸쳐 더 낮은 진동수, 더 큰 밀도, 그리고 혼란을 나타내기 시작했습니다.

이 때문에 작용과 반작용의 카르마의 바퀴(karmic wheel)가

작동하기 시작했고, 성장하는 에고를 끝없이 만들어 내는 환생의 순환을 개시했습니다. 개개인의 에고는 거의 무한히 계속되는 일련의 사건들을 경험하며 나아갔습니다. 문명들이 일어났다가 멸망했습니다. 제국들이 건설되었다가 붕괴하였습니다. 여섯 개의 위대하고 강력한 문명이 지구를 지배했습니다. 일곱 번째는 지금 만들어지고 있습니다. 현재 당신에게 영향을 미치는 것은 이 일곱 번째 문명의 탄생입니다. 이 훌륭한 시대에 반드시 신의 빛이 터져 나와 당신들 개개인의 안에 있는 그리스도의 빛(Christ Light)을 깨울 것이기 때문입니다. 당신이 명상할 때, 하위 자아가 가만히 있도록 한 후에, 가슴속에서 다음과 같이 확언할 수 있습니다.

나는(I AM) 세상에 탄생하는 모든 사람의 가슴속에 있는 그리스도의 빛입니다.
I AM the Christ Light within the heart of everyone who cometh into the world.

나는 과거에 당신과 함께했던 그 사람이며, 지금 다시 돌아왔습니다. 실로 나는 당신을 떠난 적이 없습니다. 자신도 모르게 궁극적인 어둠 속으로 들어가기 위해 등을 돌린 것은 당신이었기 때문입니다. 나는 단순한 상징, 또는 공허한 이미지 그 이상입니다. 나는 예수 그리스도라고 불리는 이입니다. 그리고 여기 있는 당신들 대부분은 한때 나를 사랑하겠다고 공표했습니다.

당신이 내면으로 주의를 돌리고 마음을 고요히 한다면, 당신들 중 몇몇은 앞으로 일어날 특정한 사건들을 보여 주는 우주적 스크린(cosmic screen)의 활동을 목격할 수 있을 것입니다. 나의 자녀들이여, 보세요. 오래전부터 이 행성에 예고되었던 어둠의 날이 도래했습니다. 하늘은 구름으로 뒤덮였습니다. 짙은 먹구름이 지구를 뒤덮습니다. 대립하는 세력들이 전투를 벌일 때, 대륙이 몸서리치고 들썩이며 그 일부가 파도 아래 가라앉습니다. 그럼에도 미국이라는 이 신성한 땅에서는 새로운 국가가 나타날 것입니다. 이 땅은 영광스러운 일곱 번째 종족(Seventh Race)의 발상지입니다.

나의 소중한 여러분, 당신들은 현재 나아오고 있는 이 새로운 종족의 아버지와 어머니입니다. 보십시오. 그렇게 하면 내가 아름답고 영광스럽게 솟아나는 거대한 도시들을 보여줄 것입니다. 사랑, 정직, 순수, 그리고 신의 영광이 이 지구에 다시 나타날 것입니다. 그리하여 나의 왕국이 건설될 것입니다. 나는 평화의 문명 속에서 이 행성의 사람들을 연합하기 위해 에테르의 도시(etheric cities)와 빛의 사원에서 온 다른 상승한 형제자매와 함께 더 높은 차원의 몸을 입고 나아올 것입니다. 왜 망설이고 있나요? 신께서 당신에게 주신 통치권(God-given Dominion)을 거머쥐고, 당신의 신적 자아가 활동하도록 불러내세요.

　반드시 다가올 앞으로의 변화를 알고 있는 몇몇 사람들은 "뒤로 물러나서 기다리는 편이 낫지 않겠습니까?"라고 물을 수 있습니다. 나는 당신에게 이렇게 말합니다. 당신의 아버지, 즉 I AM 현존이 지금 당신의 봉사를 필요로 합니다! 기억하세요. 당신이 태어나기 전에도 I AM이 있었고, 만물은 I AM으로부터 태어난 것입니다. 당신의 근원을 영광되게 하세요. 당신이 어디에서 왔는지 기억하면서 당신의 존재 전부와 당신이 가진 모든 것을 근원에게 되갚으세요. 소중한 여러분, 당신이 일단 I AM에게 완전히 투항하면 상승이라는 궁극적인 운명이 당신을 기다립니다. 당신은 수천 년 동안 그래 왔던 것처럼 지구상에서의 경험을 연장할 수도 있지만, 궁극적으로 당신은 거의 끝없는 탄생과 환생의 순환으로부터의 자유를 성취할 것입니다. 궁극적으로 빛의 승리는 모든 사람에게 틀림없이 보장되어 있습니다. 여러분 모두가 신의 자녀이기 때문입니다.

　당신이 내면으로 주의를 돌리면, 당신은 당신의 몸 안에 흐르며 당신의 의식을 고양하고 드높이며 당신을 완전함 속으로 데려가는, 현존에서 나오는 빛의 영광을 느낄 것입니다. 위대한 생명의 현존에는 한계가 없으므로 죽음이란 존재하지 않습니다. 오직 영원만이 존재하기 때문에, 최종적인 실패라는 것은 존재하지 않습니다. 당신은 성공할 것입니다. 당신에게는 한계가 없기 때문입니다.

당신의 형제이자 나의 형제인 우리의 사랑하는 세인트 저메인은 당신에게 주의의 법칙(Law of Attention)을 제시했습니다. 당신이 주의를 기울이는 것이 당신이 무엇이 될 것인지에 영향을 미친다는 것, 즉 당신이 주의를 기울이는 것이 당신의 현실을 만들어 낸다는 것입니다. 그러므로 끊임없이 자신을 관찰하고, 당신의 생각, 느낌 그리고 당신이 사용하는 단어들을 다스리세요.

세인트 저메인의 실존을 의심하는 사람이 많습니다. 그들은 "어째서 또 다른 그리스도가 있어야 하나요? 예수님으로 충분하지 않나요?"라고 묻습니다. 다른 사람들은 그들이 그 누구도 필요로 하지 않으며 하나 됨을 성취하는 것만으로 충분하다고 생각합니다. 어째서 여러 명의 마스터를 받아들이기 위해 하나 됨을 떠나나요? 어떤 의미에서는 당신이 틀림없이 옳습니다. 당신이 I AM 현존과 접촉할 수 있다면, 그것으로 충분합니다. 하지만 왜 굳이 당신을 사랑하고 언제나 당신을 도울 준비가 되어 있는 완전한 존재들의 도움을 무시하나요?

나 또한 도움이 필요했습니다. 나는 오로지 나의 에너지만으로 나의 상승을 성취하지 않았습니다. 나의 스승이자 친구인 그레이트 디바인 디렉터(Great Divine Director)가 나의 길을 마련해 주었고 상승 과정을 도와주었습니다. 그 역시 당신이 아는 또 다른 축복받은 존재로부터 훈련받았고, 이렇듯 각각의 존재가 다른 존재의 도움을 받아 왔습니다. 이처럼 사랑 안에서 베풀어진 상호 간의 도움을 통해 우리는 생명의 완전함 속으로 올라섭니다. 그러니 지금 당신을 돕고자 하는 나와 다른 위대한 친구들의 도움을 부디 받아들여 주세요. 그렇게 하면, 나 혹은 나의 상승한 형제자매 중 하나가 누군가에게 치유의 에너지의 흐름을 보내 주거나 단순히 당신이 옳은 일을 하도록 유도하기 위해 언제든지 당신에게 찾아갈 수 있을 것입니다. 생명의 근원과 그 근원과 하나인 상승 마스터들을 향한 감사는 우리가 당신에게 계속해서 도움을 줄 수 있게 하는 통로가 되는 열린 문입니다.

용기를 잃지 마세요. 당신이 요청한 일은 이루어질 것입니다. 그저 인내심을 가지고 생명과의 조화를 유지하세요. 그렇게 하면 때가 되었을 때 모든 일이 이루어질 것입니다. 지금 당신에게 알려 드립니다. 당신은 이 지구상에서 신의 영광을 보게 될 것입니다. 인류는 한쪽에서는 감정에 지배받고, 다른 쪽에서는 지성에 지배받는 상태에서 벗어나 오직 근원으로부터만 오는 지혜를 위해 현존에 의지해야 할 날이 도래했습니다. 그렇게 해야지만 당신은 평화와 사랑 안에서 살아갈 수 있습니다.

스스로를 제한하지 마세요. 대신 사랑을 쏟아부으세요! 끝없는 흐름으로 당신이 가진 재능을 다른 이들과 나누세요. 당신의 가슴으로부터 당신 사랑의 순수함을 전하세요.

나는 수년간 당신이 "오 예수여, 오 세인트 저메인이여, 당신이 실재한다는 사실을 알 수 있도록 당신을 보게 해 주세요. 당신을 볼 수만 있다면 나의 의심이 사라질 것입니다."라고 부르짖는 것을 자주 들었습니다.

나의 사랑하는 여러분, 왜 의심하나요? 내가 당신을 위해 기적 같은 일을 행하더라도, 당신은 내일 또다시 부르짖을 겁니다. "오, 왜 다른 것을 볼 수는 없는 건가요? 왜 기적이 또 일어나지 않는 건가요?"라고 말입니다. 당신은 이미 빛과 사랑의 기적을 경험했습니다. 기억하려고 노력해 보세요.

우리는 당신이 필요로 하는 것이 무엇인지 잘 알고 있으며, 당신이 준비되었을 때 그것을 당신에게 보냅니다. 그러니 이러한 일들을 추론하려 하지 말고, 신이 실재하신다는 사실을 늘 알고 있어야 합니다. 소문보다는 당신의 I AM 현존에 대한 믿음을 가지세요. 그 어떤 것도, 그 어떤 사람도 I AM 현존보다 강하지 않습니다. 당신의 세계가 살아가기에 완벽한 곳이 될 수 있도록 당신의 사랑을 그 현존, 즉 I AM에게로 돌리세요. 통치의 홀을 쥐고, 창조의 불꽃이 당신을 통해 세계로 확장하는 것을 느껴 보세요. 당신은 그저 사랑 안에 나의 이름을 말하기만 하면 됩니다. 그렇게 하면 만물이 완전한 신적 시간과 질서(Perfect Divine Time and Order) 속에 당신에게 주어질 것입니다. 내가 끝없는 흐름으로 당신에게 쏟아붓는 나의 사랑과 축복을 받아들이세요.

오 장엄한 당신, 빛나는 생명의 태양인 당신, 우리의 끝없는 사랑과 감사를 당신에게 보냅니다. 우리는 당신의 힘을 받아들입니다. 당신의 힘이 곧 빛이고, 오직 빛만이 우리의 세계를 채우고, 우리를 숨 쉬게 하며, 우리가 생명을 가지고 존재할 수 있게 함을 알기 때문입니다. 친애하는 생명의 현존 I AM이여, 모두가 내면에서, 즉 빛과 진리의 내적 세계(Inner Realms of Light and Truth)에서 찾을 수 있는 기쁨과 아름다움을 빨리 알 수 있게 해 주세요. 우리는 여기에 머무릅니다. 모든 이들이 충분히 사랑했을 때 도달하게 되는 이 성소에 우리의 사랑을 쏟아붓습니다. 오 만물을 감싸는 빛의 태양이여, 아버지 I AM이여, 어머니 I AM이여, 단 하나인 I AM이여.

Chapter 15 기회는 끊임없이 찾아옵니다

나다

    나의 사랑하는 여러분, 당신이 당신의 I AM 현존으로 주의를 돌렸기에 이제 당신의 진보가 무한할 수 있다는 사실이 얼마나 아름다운지요. 당신은 우리가 당신을 돕고 있는지에 대한 의심을 극복해야 합니다. 우리는 사실 언제나 도움이 될 수 있는 방법에 대해 생각하고 있기 때문입니다. 나는 "기회는 한 번만 찾아온다."라는 불평을 너무도 많이 들었습니다. 상승 마스터들이 당신에게 기회를 주기 위해 끊임없이 문을 두드리고 있음을 알려 드립니다. 당신이 해야 하는 일은 단지 그 문을 열어 당신에게 주어지는 것을 받아들이는 것뿐입니다.

    나와 세인트 저메인은 우주적인 발전을 불러오기 위해 여러 차례에 걸쳐 함께 일했습니다. 그레이트 디바인 디렉터와 마하 초한이 쏟아 내는 에너지 아래, 그리고 엘 모리아와 쿠투미의 도움을 받아 우리는 수많은 문명의 건설을 도왔습니다. 이러한 봉사가 언제나 우리의 상승한 몸을 입은 상태로 행해진 것은 아닙니다. 그럼에도 수천 년 동안 우리는 함께 일했습니다.

당신이 제한된 상태로부터 깨어나면, 당신은 당신의 모든 생애의 흐름을 내려다보며 시간이 전혀 흐르지 않았음을 보게 될 것입니다. 당신은 당신이 기억하고자 하는 모든 경험을 기억하게 될 것입니다. 물론 당신이 굳이 오래 곱씹지 않을 경험도 많을 것입니다. 그럼에도 불구하고 당신은 당신을 카르마의 수레바퀴로부터의 해방과 궁극적으로는 상승 상태로 이끌어 가던 위대한 동기 부여의 원칙을 보게 될 것입니다.

사랑하는 자녀 여러분, 이날은 어머니의 날(Mother's Day)로, 무척이나 의미 있는 날입니다. 아이를 향한 어머니의 순수한 사랑은 가장 순수한 활동 중 하나이기 때문입니다. 아, 인류가 모성의 아름다움과 완전함을 깨닫게 되는 순간이 얼마나 큰 축복인지요. 어머니들이 신의 화신을 낳는다는 위대한 특권을 받아들이는 순간이, 이 아이들이 그 신성을 깨닫는 순간이, 그리고 이 아이들이 그들의 어머니의 신성한 본성을 보게 되는 순간이 얼마나 아름다운지요. 여성의 원칙(Feminine Principle)을 영광되게 하는 것이 이 행성에 얼마나 기쁜 축복을 가져올지요!

친애하는 여러분, 당신들 대부분은 어느 한 생애에서 어머니였습니다. 특히 이번 어머니의 날에, 그뿐만 아니라 다른 날들에도, 어머니의 사랑이 당신의 현존으로부터 나와 당신의 안을 지나며 인류를 향한 사랑의 거대한 강이 되어 흐르는 것을 느껴 보세요. 모두가 당신의 자녀임을 받아들이고, 당신이 남성의 육신에서도 신성한 어머니의 의식(Divine Mother Consciousness)을 발현할 수 있음을 받아들이면 당신은 모든 인류를 이롭게 할 것입니다. 신성한 사랑의 느낌에는 소유자가 없으며, 오직 위대한 축복만이 있습니다. 당신이 "어머니"가 의미하는 모든 것을 받아들이고, 당신의 가슴으로부터 어머니의 사랑을 쏟아부으면, 당신이 할 수 있는 최고의 봉사를 베풀게 될 것입니다.

나의 가장 깊은 사랑과 축복이 지금, 그리고 앞으로도 영원히 당신을 감쌉니다. 당신에게 감사드립니다.

Chapter 16 순결함—보호

순결의 여신

위대한 중심 태양의 가슴에서 나는 우주적 사랑의 광선으로 당신을 맞이하고, 당신을 무한히 축복합니다. 사랑하는 지구의 사람들이여, 순결함은 가능하며 그 순결함은 힘이라는 사실을 아세요. 내가 이 행성에 발산하는 자질인 순결함은 어린 시절부터 노년에 이르기까지 당신의 본질적인 성질이라는 사실을 아세요. 당신의 동기가 순수할 때 당신의 가슴속에서 깨어나는 순결함을 두려워하지 마세요. 당신의 동기가 무엇인지 혼란해질 때 언제든지 나를 부르면, 나는 당신의 본성인 순결함을 당신에게 도로 반사해 당신의 동기가 명확해지도록 할 것입니다.

당신 행성의 우주적 생명 속에서, 순결한 사람들이 위대한 우주적 빛(Great Cosmic Light)으로 보호받게 될 시간이 도래했습니다. 동기가 이기적이거나, 조화롭지 못하거나, 파괴적인 사람들은 그들이 궁극적인 멸망으로부터 보호받지 못할 것임을 깨닫게 될 것입니다. 순결하게 살아가는 것을 두려워하지 마세요. 당신의 동기가 순수(Pure)하다면, 생명의 법칙은 당신이 보호받도록 할 것입니다.

과도하게 똑똑해지기를 바라지 마세요. 대신 당신의 친구인 세인트 저메인이 종종 제안한 것처럼 다정하고 애정 어리게 행동하세요. 가슴으로부터 서로를 사랑하고, 빛을 향한 부름 속에서 서로를 축복하세요. 당신의 축복이 흘러나와 더욱 큰 사랑과 더욱 큰 순결함을 몹시 필요로 하는 인류를 돕도록 하세요. 마음뿐만 아니라 몸도 순수하게 하세요. 당신의 동기가 당신의 가슴속에서 나오도록 하면, 당신은 언제나 그 어떤 불화도 헤쳐 나갈 수 있는 용기를 가질 수 있을 것입니다. 당신이 나를 부르고 내가 가져오는 순결함의 발산을 받아들이면, 당신이 문제가 존재한다는 사실을 깨닫기도 전에 문제들에 대한 해결책을 가져오는 삶의 단순함을 찾게 될 것입니다.

당신은 위대한 친구들(Great Friends)이 당신을 돕기 위해 나아오는 것을 알게 될 것입니다. 그들은 종종 당신이 아직 알지 못하는 위험으로부터 당신을 보호하고 지켜 줄 것입니다. 당신의 순결함과 순수함 속에서 빛은 당신의 방어를 위해 나서기 때문입니다. 사람들의 가슴과 마음을 채우는 빛은, 비록 그 사람들이 알아차리지 못하더라도 그들이 상승의 승리를 향해 나아가는 동안 그들을 인도하고, 유지하고, 보호하는 빛입니다.

 나는 당신에게 봉사할 수 있다는 사실이 무척 기쁘니, 주저하지 말고 나를 부르세요. 사람들은 순결함으로부터 등을 돌렸기 때문에, 내가 물리적인 차원에서 어떠한 단체와 함께 일해 본 지가 오래되었습니다. 그러나 여러분 가슴의 순수함이 내가 여러분에게 찾아올 수 있게 했습니다. 원하는 만큼 자주 나를 불러도 됩니다. 나는(I AM) 당신과 함께 있고, 당신이 하는 모든 일에 있어 당신을 도울 것이기 때문입니다. 친애하는 여러분, 순결함의 아름다움과 침착한 힘을 아세요. 그리고 지금 그리고 앞으로도 영원히 나의 사랑과 축복을 받아들이세요.

Chapter 17   순수함—자연적인 상태

순수의 여신

    내가 지구 대기권 깊숙이 들어올 수 있게 된 것은 아주 오랜만입니다. 인류와 긴밀하게 협력하는 당신의 마스터 세인트 저메인과 같은 상승 마스터를 제외하고는 오랜 시간 동안 그 누구도 이지역의 두께와 어둠을 뚫고 침투할 수 없었습니다. 내가 당신과 함께하게 되어 얼마나 기쁜지 당신은 모를 겁니다. 내가 다가가 한 몸이 될 수 있을 정도로 스스로를 충분히 정화한 이들을 몇 명이라도 볼 수 있다는 사실이 얼마나 경이로운지요.

    사랑하는 여러분, 우리가 모든 인류가 육체적으로, 정신적으로, 감정적으로, 그리고 영적으로 순수해지는 것의 기쁨을 알게 될 날을 얼마나 바라는지요. 우리는 이것이 쉽지 않다는 것을 알지만, 우리는 또한 당신 자신의 I AM 현존과 상승 주최자(Ascended Host)를 향한 진실한 부름 안에서라면 모든 것이 가능하다는 것을 압니다. 사랑하는 여러분, 당신이 매일 I AM 현존에게로 주의를 돌리고, 현존의 반짝이는 실체를 점점 더 인식하게 될 때, 당신은 당신과 함께 일하고 있는 상승 마스터들의 존재 역시 점점 더 인식하게 됩니다. 당신은 햇빛, 비, 그리고 부드럽게 불어오는 바람의 존재감을 인식하는 만큼 우리를 인식하게 되어야 합니다.

사랑하는 여러분, 인류의 본질적인 상태는 순수함이며, 그 순수함 안에 가장 큰 행복이 있습니다. 사람들은 수 세기 동안 행복하기 위해서는 더럽고 천박해야 한다고 믿으며 얼마나 큰 실수를 저질렀나요. 자연적인 상태는 신과 같고, 순수하고, 영원한 빛과 한 몸이 되는 것인데 말이에요. 순수함은 엄격한 통제로 이루어진 것이 아닙니다. 순수함은 그저 신, 마스터들, 그리고 당신과 같은 처지에 있는 사람들을 향한 사랑을 쏟아 내는 것입니다. 이타적인 사랑의 순수함 속에 당신이 찾는 완전함이 있습니다.

여러분 사이에 서서 당신이 쏟아붓는 순수함의 빛을 볼 수 있어 내가 얼마나 감사한지 모릅니다. 오 사랑하는 여러분, 물론 물리적인 세계에는 당신이 순수함과 멀리 떨어져 있다고 느끼도록 만드는 물질과 유혹이 존재합니다. 하지만 나는 당신이 그저 당신 자신의 빛나는 신적 자아인 I AM 현존에게 의지할 때, 당신을 빠르고 확실하게 틀림없는 승리로 이끌어 줄 순수함, 능력, 힘 그리고 빛을 발견할 것이라고 장담합니다. 나를 부르면 내가 당신을 도울 것입니다.

친애하는 여러분, 주의해야 할 점을 한 가지 말씀드립니다. 인간의 육신을 입은 이는 다른 사람의 행동을 보고 "저 사람은 이러저러한 일을 해야 하는데, 왜 그렇게 하지 않지?"라고 판단하기 쉽습니다.

당신의 제한된 인간의 관점에서 당신은 당신이 판단하고 있는 사람이 자신의 의무를 수행하고 있는지 여부를 알지 못합니다. 그러니 판단하지 마세요. 그 사람에게 당신의 사랑을 주고, 서로 사랑하기를 주저하지 마세요. 다른 사람을 판단하는 것을 그만두기 위해 당신의 심장을 뛰도록 하는 위대한 현존에게 의지하세요. 그리고 사랑, 평화, 그리고 순수의 충만함을 요청해 당신이 판단하려던 사람을 축복하고 인도하세요. 이 순수함을 받아들이면 당신의 진동수가 높아져 당신은 빠르고 확실하게 궁극적인 완전함으로 상승하게 될 것입니다. 당신이 주의를 기울이는 것들이 당신의 앞에 나타날 것입니다. 당신이 완전함, 빛, 아름다움, 순수함, 사랑을 진심으로 바라면 이것들이 당신에게 주어질 것입니다. 또한 기억하세요. 당신이 베풀기를 원하지 않는 것은 당신에게 주어지지 않을 것입니다. 당신이 자신을 위해 열망하는 것이 다른 사람들에게도 주어지기를 열망하도록 하세요. 당신이 신께 감사하는 동시에 당신이 걸어가는 길의 동료 여행자들에게 당신이 열망하는 것을 베풀지 않는 이상, 당신의 열망은 순수한 것이 아닙니다.

　오늘날 인류가 처한 상황은 끔찍하지만, 가장 어두운 시간은 동트기 직전이기 마련입니다. 현재 당신에게 주어진 환경의 아름다움과 상대적인 평온함 속에서 당신은 다른 사람들이 겪고 있는 일을 충분히 인식할 수 없지만, 이미 새로운 황금시대의 첫 번째 희미한 빛이 세계 진보의 동쪽 지평선을 물들이고 있습니다. 인류의 가슴속에서 희망은 사라지지 않았습니다. 그러나 인류에게는 그들 사이에서 걸어갈 순수함을 성취한 사람들이 필요합니다. 축복받은 여러분, 대기가 맑고, 순수하고, 빛으로 반짝이는 날이 올 것입니다. 그리고 인류는 다시 한번 순수함이 가져다주는 자유의 기쁨을 느끼게 될 것입니다.

　축복받은 이여, 영원히 타오르는 빛 속에 서 있으세요! 그 빛을 느끼세요! 그 빛을 인식하세요! 우리가 당신과 가까이 있음을 인식하세요. 우리가 당신과 한 몸이 되어 일하고 있음을 인식하세요. 그렇게 하면 당신의 안에 앎으로부터 오는 용기, 힘, 그리고 평화가 자라날 것입니다. 당신이 내면의 빛에 의지하기 시작할 때, 우리가 그 빛과 하나임을 아세요. 내가 나 자신과 나의 순수함을 더욱 베풀 수 있도록 I AM 그 자체인 빛을 부르세요. 나의 사랑이 영원히 당신을 감싸안습니다!

Chapter 18 자유

세인트 저메인

    광선의 위대한 초한들(Great Chohans of the Rays), 산의 신들, 원소의 신들 그리고 이번 섣달그믐에 로열 티톤(Royal Teton)에 모인 많은 이들의 안부 인사를 당신에게 전합니다. 위대한 마하 초한과 당신의 다른 대단한 친구들의 특별한 안부 인사 또한 전합니다.

    지구상의 인간으로서의 경험은 수 세기 동안 여러분 모두에게 항상 어려운 일이었습니다. 이 세상은 불화, 전쟁, 그리고 파괴로 인해 대단히 불행해졌기 때문입니다. 세기마다 인류는 부와 권력을 획득하는 일로 주의를 돌렸습니다. 세기마다 사람들은 자기 자신에게 집중하게 되었고, 이기적인 목적을 위해 신의 힘을 강탈했습니다.

    이 지구상에서 들끓는 수많은 사람 중 소수의 사람만이 상승했습니다. 그리고 빛을 대표하는 이 상승한 존재들이 현재까지 이루어진 진보의 대부분을 달성했습니다. 이 상승한 존재들의 집단 밖에는 가슴속에 있는 사랑이라는 더 질 높은 느낌에 주의를 기울이지 않고, 끊임없이 변하는 모래와 같은 이원성의 세계에서 행복을 추구하려는 사람들이 많습니다. 오래전에 나는 언젠가는 어딘가에 상승 마스터들의 위대한 국가를 건설하기로 결심했습니다. 이 목적을 염두에 두고, 나는 깨우침을 줄 수 있는 사람들, 즉 빛을 맞이할 준비가 된 이들을 깨우치기 위해 노력했습니다.

　작금의 모든 소란, 무질서, 그리고 협력의 부족에도 불구하고 나는 여전히 내가 상승 마스터들의 위대한 국가를 건설할 것이라고 말합니다. 그리고 그것이 이 세상에 나타날 적기가 되었습니다. 세기의 전환기(1900년)에 상승 상태에 있는 우리는 인과관계의 위대한 우주 법칙을 관찰하고, 평화가 도래하지 않는 이상 이 행성의 수명이 얼마 남지 않았다는 사실을 알게 된 후에 계몽된 이해(Enlightened Understanding)의 충만함을 쏟아 내기로 결심했습니다. 우리는 이 이해가 충분히 강한 빛을 가진 이들이 통치의 홀을 거머쥐고 자유를 성취할 수 있게끔 하기를 바랐습니다. 일곱 번째 광선에서 신의 메신저 역할을 하는 나의 위치 때문에 현재 다가오고 있는 황금시대(Golden Age)를 지휘하는 마스터 역할을 내가 맡게 되었습니다. 이는 내가(I AM) 현재 하고 있는 일입니다. 바라건대 당신의 도움을 받아서요.

이 위대한 빛을 품고 있다가 인류에게 이를 쏟아 낼 수 있을 정도로 강한 이들을 찾다가, 나는 오래전에 나의 자녀였던 아이들을 떠올렸습니다. 이들은 당신의 친애하는 메신저들인 갓프리(Godfre)와 로터스(Lotus)입니다. 그들은 내가 그들을 돕고 있음을 인지하지 못했지만, 나는 내면의 영역에서 그들을 지켜보며 그들과 함께 일했습니다.

나의 메신저가 되기 위해 그들은 세상을 버리는 법을 배워야만 했습니다. 그리하여 그들은 나의 도움이 없었더라면 수없이 많은 생애가 필요했을 여러 힘든 경험을 했습니다. 나는 여러 경험을 통해 그들의 발걸음을 전 세계 이곳저곳으로 안내했습니다. 당신이 갓프리 레이 킹(Godfre Ray King)으로 알고 있는 사람이 위대한 진실을 전달할 통로가 될 만한 사람이라는 것이 금세 명백해졌습니다. 나의 결론을 나의 스승인 그레이트 디바인 디렉터에게 보고하자, 그는 그 장면을 굽어보고 "나는 그것을 할 수 있으리라고 믿지 않는다."라고 말했습니다.

나는 "그럼에도 불구하고 해 보고 싶습니다."라고 대답했습니다.

그는 말했습니다. "좋습니다. 갓프리를 그의 집과 모든 외적인 것들로부터 분리한 후에 어떤 일이 일어나는지 지켜봅시다."

그리하여 갓프리는 강제로 그의 집을 떠나게 되었고, 이유를 알지 못했으나 깨닫고 보니 캘리포니아에 도착해 있었습니다. 그곳에서 진정한 깨달음이 시작되었습니다. 나는 그에게 샤스타산(Mount Shasta)으로 향하고자 하는 영감을 불어넣었고, 그곳에서 그는 《베일 벗은 미스터리(Unveiled Mysteries)》에 기록된 경험을 겪었습니다. 당신은 이 경험들이 빛의 영역에서 온 것이라는 사실을 기억해야 합니다. 그 경험들은 인간적인 것이 아니라, 인간의 의식이 하나의 역할을 맡은 에테르적(etheric) 경험들입니다.

그리고 나서 나는 갓프리와 로터스가 다시 만나도록 했고, 그 둘은 함께 강력한 중심점을 형성했습니다. 이따금 실수가 발생하기도 했지만, 거대한 선(善)을 이루어 냈습니다. 당신은 이렇게 물을 수 있습니다. "그것이 상승 마스터의 활동이었다면 어떻게 실수가 발생할 수 있나요?"

사랑하는 여러분, 당신이 깨달음을 얼마나 얻었든 간에, 당신이 상승 상태에 도달하기 전까지 당신은 실수할 수 있습니다. 당신이 실수를 받아들이고 용서의 법칙을 불러온다면, 당신은 실수를 넘어설 수 있을 것이고, 인류는 당신의 실수가 아니라 당신의 성공으로 당신을 기억할 것입니다!

30년 동안 내면의 영역에서 나의 메신저들을 훈련한 후, 나는 가시적으로 그들의 앞에 나타나 그들과 함께 일했고, 그들을 통해 강력한 빛의 중심점을 형성했습니다. 나는 그들에게 5년을 주고 나의 임무를 수행하도록 했습니다. 그 기간이 지나면 그들은 은퇴할 예정이었으나, 막상 그때가 되자, 그들은 세상의 절실히 어려운 형편을 알았기 때문에 은퇴하기를 거부했습니다. 그들은 자신이 현역으로 남아 있으면 더욱 큰 봉사를 할 수 있을 것이라고 느꼈습니다. 그들은 나의 허락을 구했고, 나는 절대 명령하지 않고 오직 사랑으로 지휘할 뿐이기 때문에 그들이 세상에서 은퇴할 경우와 계속해 봉사할 경우에 각각 어떤 일이 발생할 수 있는지 설명했습니다. 나의 말을 들은 후, 그들은 나의 경고에도 불구하고 계속해 봉사하기로 결정했고, 나는 할 수 있는 한 계속해서 그들을 돕기로 약속했습니다.

당신에게 말하건대, 이 말을 당신의 의식 속에 잘 간직하세요. 빛을 위해 봉사하지 않고, 자신보다 큰 힘을 인정하지 않고, 국민들에게 자유와 사랑을 주기를 거부하는 모든 국가와 모든 정부는 멸망할 것입니다! 하나도 빠짐없이요! 가장 강한 이들이 덜 강한 이들을 말살할 것입니다. 그런 다음 강한 이들이 서로를 죽일 것입니다. 마침내 인류가 그들이 수천 년 전에 배운 적 있는 사실인, 신만이 위대하고, 빛은 영원하며, 사랑만이 실재한다는 사실을 다시 배울 때까지요.

지금부터 당신이 인간의 형상을 입고 살아가는 모든 순간은 인류를 위한 초월적인 봉사를 위해 사용될 수 있습니다. 당신은 설교할 필요는 없습니다. 기적을 일으키기 위해 나아갈 필요도 없습니다. 당신이 해야 하는 일은 오로지 법칙에 따라 살아가고, 다른 사람들도 당신처럼 살아가고 싶어질 만큼 아름답게 살아 내는 것뿐입니다. 당신은 나의 자녀이며, 당신이 행하는 모든 이타적이고 아름다운 일에 나는 나의 사랑을 끝나지 않는 물줄기처럼 쏟아붓습니다. 하지만 당신이 계속해서 에너지를 낭비하고, 사소한 일들에 주의를 기울이고, 계속해서 논쟁하고, 계속해서 다른 사람들의 잘못을 본다면 나는 당신을 도울 수 없습니다. 나는 내가 가까이 있음을 느낄 수 있는 사람들, 나를 사랑하는 사람들, 나의 에너지와 의식을 그들에 안에 받아들일 만큼 나의 도움을 원하는 사람들을 돕습니다.

　당신이 내가 실재한다고 생각하든 아니든 간에, 이 말들은 진실입니다. 이 말에 주의를 기울이고 당신의 마음을 침묵시키는 법을 배우세요. 만물에 지속적인 사랑의 흐름을 쏟아붓는 법을 배우세요. 서로 조화를 이루고 평화롭게 살아가는 법을 배우세요. 당신이 그렇게 하면, 뜻이 통하는 이들과 함께 모여 새로운 세계를 건설하려는 당신 자신을 보게 될 것입니다. 그리고 당신의 광채를 느끼는 모든 사람이 당신의 빛과 사랑을 받아들이고 새로운 황금시대를 열기 위해 당신과 함께할 것입니다.

사랑하는 여러분, 당신이 가슴을 여는 법을 배우고, 가슴을 당신 의식의 중심으로 삼으면, 당신은 우주를 보게 될 것입니다. 당신 자신(I AM)이 만물의 하나 됨이라는 사실을 깨달았을 때, 당신은 자유로 향하는 열린 문을 찾은 것입니다.

오 소중한 여러분, 더 이상 외부 세계나 세상의 영적인 메신저들에게서 지침을 찾지 말고, 당신의 진정한 자아가 있는 내면을 들여다보세요. 당신의 안에 있는 신의 완전한 힘을 받아들이세요. 당신의 안에 있는 나의 사랑과 나의 실체를 받아들이세요. 그렇게 해야만 당신은 내가 신화나 환상이 아님을 알게 될 것입니다. 공간은 존재하지 않습니다. 시간은 존재하지 않습니다. 만물은 하나이기 때문입니다. 당신의 내면으로 주의를 돌리세요. 당신 방의 고요함 속에 앉아 당신의 내적 세계(Inner World)를 확장하세요. 당신의 안에서 온 우주를 볼 수 있을 때까지 확장하고 또 확장하세요. 그런 다음, 그 고요 속에서 모든 것이 분명해질 것입니다. 당신은 우리의 실체를 알게 될 것입니다. 당신은 이를 당신의 마음으로는 이해할 수 없고, 오직 당신의 무한한 의식을 통해서만 이해할 수 있습니다.

이 사실들이 바로 생명의 영원한 법칙(Eternal Laws of Life)입니다. 이 법칙은 인간의 생각이나 의견과는 상관없이, 다가올 변화와는 관계없이 굳건하게 존재할 것입니다. 이 법칙은 변함없이

유효할 것이며, 이 법칙을 따르는 사람들은 궁극적인 승리를 향해 나아갈 것입니다. 모두에게 각자 가야 할 길이 열릴 것입니다. 몇몇 사람들은 한쪽으로 걸어가고, 또 몇몇 사람들은 반대쪽으로 걸어갈 것입니다. 잘못된 길을 선택하는 사람들에게는 미래에 다시 선택할 기회가 언제나 주어질 것입니다. 그 누구도 영원한 고통을 선고받지는 않습니다. 당신이 스스로 창조하는 것을 제외하고는 지옥이란 존재하지 않습니다. 우리에게는 단 하나의 열망이 있습니다. 그것은 바로 축복하고, 치유하고, 힘을 북돋고, 격려하고, 빛을 가져오는 것입니다.

빛보다 영광스러운 것은 없습니다. 당신이 빛의 가장 높은 이상(ideals)을 고수하는 것보다 강력한 것은 없습니다. 그 이상은 금이나 보석보다 중요한 위대한 현실(Great Reality)입니다. 당신 존재의 모든 사랑과 같은 편에 서세요. 그렇게 하면 사랑, 아름다움, 영광, 그리고 완전함의 이상이 당신의 안에 영원히 머무를 것입니다.

관계

나는 당신이 남성과 여성 사이의 특정한 활동들과 자신의 파트

너가 특별한 고유재산이라는 잘못된 낭만적 개념을 이해했으면 합니다. 이러한 소유욕이 한번 자리 잡으면, 때로 이를 제거하기 위해 강력한 폭발이 필요하기도 합니다.

신성한 사랑이 한 명의 개인만이 아니라 모든 사람에게 쏟아부어져야 하는 생명의 본질이라는 사실을 인류가 깨달을 수만 있다면, 천국이 지구상에 나타날 것입니다. 당신 자신을 다른 인격에 구속하는 것만큼 당신의 성장을 제한하는 일은 없습니다.

친애하는 여러분, 당신 모두는 각자의 I AM 현존, 즉 모든 생명의 지대한 근원(Supreme Source)을 가지고 있고, 언제든지 그 현존에게로 주의를 돌려 직접적인 도움을 받을 수 있다는 사실을 이해하기를 바랍니다. 많은 사람들이 다른 사람에게 의지해야 한다는 잘못된 생각을 하고 있고, 이에 따라 많은 사람들이 다른 사람의 지배 아래 놓이게 되었습니다.

모든 인간적인 것들에 대한 당신의 승리와 빛으로의 궁극적인 상승이 당신 자신의 I AM 현존에 대한 관심과 순종에 달려 있다는 사실을 확신해도 좋습니다. 당신은 다른 사람과 함께 상승하는 것이 아니라, 홀로 상승합니다. 모든 사람은 언젠가는 이 사실을 직시해야 합니다. 당신은 홀로 이 세상에 왔고, 홀로 이 세상을 떠날 것이며, 홀로 당신 자신의 I AM 현존 속으로 상승합니다.

나는 내 존재의 온전한 사랑과 다정으로 이 사실을 이야기하고 있지만, 나는 당신이 다른 존재에 대한 의존이 인류를 대대로 고통의 십자가에 구속한다는 사실을 오해할 여지 없이 이해했으면 합니다. 구속적인 인간관계를 제쳐두고 I AM 현존인 신께 의지하는 사람을 발견할 때 우리가 얼마나 기뻐하는지요.

나의 아버지여, 당신의 손에 모든 것을 맡깁니다.
Into Thy hands, my Father, I give all things.

그렇게 하면 상승 마스터 옥타브의 기쁨과 행복이 당신에게 나타날 것입니다. 어떤 사람이 다른 사람이나 인간적인 활동을 그의 현존보다 우선시하는 이상, 그는 내적 빛의 영역(Inner Realms of Light)의 영광, 광휘, 아름다움, 그리고 완전함을 절대 알지 못할 것입니다.

내가 제안하는 대로 하지 않겠어요? 홀로 나아가 당신의 I AM 현존이 활동하도록 불러내세요. 당신의 현존에게 어떠한 예외나 정신적인 거리낌 없이 당신을 저지하는 모든 사람으로부터 자유롭게 해 달라고 부탁하세요. 그런 다음 당신의 신적 자아를 마주하고 서서 신적 자아의 빛이 위에서부터 당신의 안으로, 당신을 통해 쏟아져 내리게 해 달라고 요청하세요. 그리고 다음과 같이 확언하세요.

I AM이여,

Thou I AM,

모든 생명의 지대한 근원이여,

Thou Supreme Source of all Life,

나는 오직 당신만을 인정하며,

I acknowledge only Thee, and

나의 생명을 당신에게 맡깁니다.

Give to Thy keeping my life,

나의 에너지, 그리고 나를 이루는 물질—

My energy, and my substance—

사실은 당신의 소유인 것들을 당신에게 맡깁니다.

Which is really Thine.

그러므로 오직 당신만이 존재합니다.

Henceforth, there is only Thee.

사랑하는 여러분, 그렇게 하면 기쁨을 얻게 될 것입니다. 하지만 자유를 요청하라고 할 때 나의 말은 이혼하기 위해 뛰쳐나가거나, 서로에 대한 의무를 잊어버리거나, 다른 사람들과 교제하기를 거부하라는 의미가 아닙니다. 친애하는 여러분, 그저 구속하는 관계는 사랑의 관계와는 다르다는 사실을 알라는 의미입니다. 그리고 당신에게는 현존이 활동하도록 불러내 당신을 구속하는 관계를 끊고 그 관계를 어떤 방식으로든 제한하거나 방해하지 않는 사랑의 관계로 대체하도록 할 권리가 있습니다.

이 문제에 대해 확고한 입장을 취해야 합니다. 당신의 열망을 실현하는 것을 그 어떤 사람도 방해하지 못하게 하세요. 당신이 홀로 사랑의 존재가 될 수 있도록 당신의 I AM 현존을 부르고, 당신의 현존이 당신의 세계에 그 사랑을 지금, 그리고 영원토록 확립할 수 있음을 받아들이세요.

빛의 영역에서 모든 것이 나오고, 모든 것은 결국 빛으로 되돌아갑니다. 더 많은 빛을 표현하면 만물이 하나가 됩니다. 당신 자신이 위대한 중심 태양의 일부임을 선언하세요.

오 모든 것을 감싸는 위대한 빛(Great Enfolding Light)이여, 모든 사람의 의식을 높이세요. 모든 사람이 그것(That)을 알고, 보고, 이해하게 해 주세요, 오 경이로운 I AM이여.

위대한 중심 태양인 당신의 가슴을 느끼고, 당신의 행성을 감싸기 위해 빛으로 이루어진 천상의 장막을 짜고 있는 위대한 중심 태양의 무수히 많은 광선들을 보세요. 당신 자신을 우주적 존재로 바라보세요. 당신의 신적 책임을 받아들이세요. 당신 자신의 즉각적인 신적 활동을 받아들이세요. 우리 중 하나인 당신 자신의 실체를 받아들이세요. 오 위대한 I AM이여, 만물 안에 당신이 있음을 받아들이며 우리는 영원히 존재하며 만물을 감싸는 당신의 빛 앞에 고개를 숙입니다. 당신께 감사드립니다.

Chapter 19 엘로힘이 지구를 돕기 위해 오다

악튜러스

나는 며칠 동안 당신 행성의 대기를 여행하며 이곳의 상황을 살폈습니다. 세인트 저메인은 이곳의 상태가 당신이 생각하는 것보다 훨씬 낫다고 말했을 것입니다. 그러나 인간의 무지로 인해 발생했고 시정되어야 하는 상태가 분명히 존재합니다. 국가, 인종, 종교, 신념, 그리고 군사 파벌 간에 많은 불화와 오해가 있습니다. 사랑하는 여러분, 사실 불화는 대부분의 사람에게 매 순간 일어납니다. 따라서 나는 오랫동안 이 행성에 영향을 미친 몇몇 상태들을 치워 두려고 합니다. 그리고 이제 인류는 그들의 한계에서 벗어나 신의 현존을 받아들이기 더 쉬워질 것입니다.

친애하는 여러분, 인류는 수천 년 동안 남성과 여성 간의 엄청난 불평등을 받아들여 왔습니다. 나는 이를 제거합니다. 사람들이 서로를 더 잘 이해하고 사람들 간의 관계가 조화를 이루게 하기 위해서입니다. 남성과 여성이 서로를 이해하는 데 있어 겪는 어려움은 수 세기에 걸쳐 쌓여 왔고, 이 세상의 여러 불화를 창조해 냈습니다. 당신은 이제 변화가 나타나는 것을 보게 될 것입니다. 이 변화가 일어나도록 내가 바꿀 수 없는 명령을 선포했기 때문입니다. 여러분은 이제 서로를 더 잘 이해하기 시작할 것입니다. 그리고 신의 의식이 대기에 스며들어 많은 관계의 중점이었던 감각적 욕망의 충족이 덜 중요해질 것입니다. 당신이 애착으로부터 자유로워져야만 당신은 다른 사람들과 조화를 이루며 살아갈 수 있습니다. 당신이 애착으로부터 자유로워져야만 당신은 당신의 진정한 자아와 통합되고, 영원한 자유를 얻고, 마스터로 상승할 수 있습니다.

지구상의 축복받은 사람들이여, 마스터들이 관심을 가지는 것은 당신의 가슴속에 있는 의도입니다. 당신이 가슴속으로 생각하고 느끼는 것이 바로 당신 그 자체가 될 것입니다. 당신의 행동은 모래처럼 흐르는 환상이 만들어 내는 그림자에 불과합니다. 당신의 행동은 영구적이지 않습니다. 유일하게 영구적인 것은 당신의 가슴에서 나오는 것입니다. 당신은 그 가슴을 가지고 이 세상에 오고, 그 가슴을 가지고 떠납니다. 당신과 당신 가슴속의 불꽃은 하나이며, 그 불꽃은 신입니다. 수동적인 태도로 고통은 불가피한 것이라고 믿으며 살아가는 것이 아니라, 물질세계에 나타난 신적 통치권의 흐름처럼 당신의 사랑이 흘러나오는 인과의 존재로서 역동적으로 살아가세요.

문제로 보이는 모든 일에 대한 해답은 당신의 가슴속에 있습니다. 당신은 그 안에서 당신을 위한 지침을 발견할 것입니다. 모든 문제에 대한 해결책은 I AM 현존을 향한 당신의 부름 안에 있습니다. 모든 노력의 성공은 당신 열망의 진정성 안에 있습니다.

일어나 삶을 대면하세요! 사랑의 아름다움의 충만함이 되세요! 당신 사랑의 기쁨이 밖으로 흘러나와 불화의 출현마저 소멸시키도록 하세요! 본보기가 되어 다른 사람들을 깨우세요!

◆ 세인트 저메인의 메모

악튜러스는 엘로힘(Elohim)이라는 이름으로 알려진 위대한 우주 존재입니다. 인류는 그 덕분에 생존합니다. 수백만 년 전에 위대한 하나(Great One)인 이는, 개인적인 활동을 통해 이 태양계에 큰 불화를 일으킨 인간 불꽃들(individual human Flames)의 소멸을 막았습니다. 악튜러스는 악튜러스 별을 중심 삼는 태양계를 책임지는 우주적 존재(Cosmic Being)입니다. 비슷한 방식으로, 사일런트 워쳐(Silent Watcher)가 이 태양계를 책임집니다. 이 태양계와 악튜러스 태양계는 연관이 있습니다.

Chapter 20 당신의 비밀번호

빅토리

  사랑하는 여러분, 당신은 훈련의 일부로 당신의 안에 있는 삼중 불꽃의 의식(Consciousness of the Three-Fold Flame)을 성취해야 합니다. 당신은 엄청난 고통을 통해 진정한 사랑에 대한 이해를 습득했습니다. 이제 불꽃의 온전한 활동이 내면에서 나올 수 있도록 지혜와 힘을 배우세요.

  빛을 퍼트리고 싶다면 당신이 빛이 되어야 합니다. 당신은 지금 당장에도 당신의 신적 자아의 현존 안에서 사랑, 지혜, 그리고 힘을 끝없는 흐름으로 쏟아 내는 모든 존재를 축복할 수 있는데, 신이 주신 당신의 시간을 환상에 불과한 것들을 추구하는 데 낭비하지 마세요. 그 현존 안에서 당신이 하지 못할 일은 아무것도 없습니다. 당신의 빛에 대한 책임을 받아들이세요. 당신이 어떤 일을 하는 것에 대한 책임을 지기로 하면, 당신은 그 일을 하겠다고 신께 맹세한 것임을 깨달으세요. 그러니 그 일이 완수되게끔 하는 것은 활동하는 신인 당신에게 달려 있습니다. 당신과 신은 하나이므로, 그 어떤 한계도 받아들이지 마세요.

이는 작은 일에 있어서도 당신이 한 말을 지키라는 의미입니다. 당신이 누군가에게 그를 위해 무언가를 하겠다고 말했다면, 그 일을 하세요! 다른 일들을 미뤄 둬야 하더라도, 당신이 하기로 약속한 일을 하세요! 가볍게 약속하지 말고, 약속했다면 반드시 지키세요. 마스터들은 당신을 신뢰할 수 있음을 알아야만 당신을 사용할 것입니다.

세인트 저메인이 이미 당신에게 의식의 7단계에 관해 설명해 주었으니, 나는 특정한 색들과 진동 활동의 수준이 의식 단계들과 어떻게 일치하는지 설명하고자 합니다.

검은색과 붉은색은 상승 마스터 주파수가 아니라고 들었을 것입니다. 당신이 인간과 신성 사이의 경계선을, 즉 3단계와 4단계 사이의 경계선을 지날 때, 당신은 높은 힘(Higher Power)의 활동을 인식할 수 있을 만큼 인간의 상태를 벗어납니다. 그때부터 그 사람은 특정한 상황에 꼭 필요하지 않은 이상 붉은색과 검은색의 사용을 삼가야 합니다. 짙은 파란색은 다른 활동을 지닙니다.

붉은색은 의식의 1단계인 생존을 향한 욕구와 일치합니다. 검은색은 빛이 없는 상태입니다. 파란색은 2단계를 상징합니다. 노란색 또는 금색은 3단계를 통해 나타납니다. 경계를 넘어서면 사랑의 활동의 시작인 분홍색에 다다릅니다. 그곳에서 5단계인 초록색으로 나아갑니다. 6단계는 남색(indigo), 7단계는 보라색(violet)입니다. 흰색은 언제나 위대한 백색 형제단의 빛을 상징합니다. 그러나 사실 물질세계에는 순수한 흰색이 존재하지 않습니다. 순수한 흰색은 오직 내적 수준(Inner Levels)에서만 발생하기 때문입니다. 이로써 당신은 색상들은 펼쳐지는 의식이 표현된 것임을 알 수 있습니다.

당신의 비밀번호

나는 당신이 모든 활동과 상황에 동일하게 적용되는 당신의 비밀번호를 기억하기를 바랍니다. 그 비밀번호는 바로 "I AM"입니다. 당신이 이 말의 의미의 충만함을 이해할 때, 당신은 만물이 당신의 영향력 아래 있을 때까지 의식 속에 당신 자신을 상승시키게 됩니다. 당신이 I AM이라는 말을 사용하면, 당신은 우주의 모든 지점을 마음대로 방문할 수 있습니다. 당신이 그 말을 사랑으로 사용하면, 모든 에너지가 당신 의식의 방사를 따를 것입니다. 그렇게 되면 당신의 삶이 신적 질서에 부합하게 될 것입니다.

당신에게 이 사실을 알려 주며, 이 말을 가볍게 사용하지 않도록 조심하기를 당부합니다. 이 말은 영어로 된 그 어떤 단어보다도 강력한 진동수를 지니고 있기 때문입니다. 이 말은 신성한 것이며, 신성한 신탁으로써 당신의 관리 아래 보내졌습니다. 경외심과 이해심으로 그 말을 사용하세요.

Chapter 21 세인트 저메인과의 만남

페리 보샹의 편지

내가 여기서 이야기할 경험은 부다페스트 출신의 올브라이트(Allbright) 양이 경험하고 나에게 말해 준 것입니다. 올브라이트 양은 우리의 사랑하는 메신저인 발라드(Ballard) 부부가 뉴욕 시티의 메카 성전에서 I AM 가르침에 대해 수업하고 있을 당시 뉴욕 시티에 살고 있었고, 그 가르침은 수업마다 30분씩 방송에 송출되고 있었습니다. 올브라이트 양은 방송을 듣고 발라드 부인과 이야기를 나눌 수 있기를 바라며 수업에 방문했지만, 미리 약속을 잡지 않았기 때문에 발라드 부인을 바로 만날 수 없었습니다. 그래서 올브라이트 양은 이렇게 말했습니다.

"발라드 부인에게 이야기하고 싶었던 것의 일부를 당신에게 말해야 할 것 같은 느낌이 들어요. 나는 지금까지 이 경험에 대해 아무에게도 말한 적 없어요."

그녀는 이렇게 말하며 이야기를 시작했습니다.

"나는 1차 세계대전 당시 간호사로 복무하고 있었습니다. 나는 전선과 가까운 곳에, 병원으로 쓰였던 건물로 발령되었습니다. 다치고 죽어 가는 남자들이 온 바닥에 누워 있었고, 고양이와 쥐들이 그들을 파먹고 있었습니다. 끔찍한 환경이었고, 그곳의 악취는 거의 견딜 수 없을 지경이었습니다.

나는 그 사람들을 위해 줄 수 있는 도움도, 음식도, 물자도, 약도 없었고, 어찌할 바를 몰랐습니다. 어쩔 줄 모르며 서 있다가 나는 입술을 깨물며 말했습니다. '오 신이시여! 신이 계신다면 말이에요! 이 사람들을 위해 무언가를 해 주실 수 있을 텐데요!'

주위를 둘러보니 아주, 아주 아름다운 의사가 서 있었는데, 그가 이렇게 말했습니다. '친애하는 이여, 내가 당신을 도와도 될까요?'

나는 이렇게 대답했습니다. '아, 그럼요, 의사 선생님! 이 사람들을 위해 무엇이든 필요해요. 당장 도움을 받지 못한다면, 그들은 전부 죽을 거예요. 침대가 필요해요! 음식이 필요해요! 붕대와 다른 보급품이 필요해요! 의사가 필요해요! 간호사가 필요해요! 약이 필요해요!'

이 훌륭하고 아름다운 의사는 그저 미소를 지으며 이렇게 말했습니다. '아니요, 우리는 약을 사용하지 않습니다.'

'하지만 선생님.' 나는 말했습니다. '그들의 고통을 멈추기 위해 주사할 약이 필요해요. 선생님, 그들은 죽을 거예요.' 그리고 우리가 함께 걸을 때 나는 몇몇 남자들을 가리키며 그들이 죽을 것이라고 말했습니다.

그랬더니 그는 이렇게 말했습니다. '아니요, 그들은 죽지 않아요. 그들 모두가 나을 겁니다.'

나는 걷는 동안 병원 전체가 장미꽃처럼 향기로워졌다는 사실을 알아차렸습니다. 그리고 그는 떠나기 전에 이렇게 말했습니다. '내가 당신을 돕기 위해 할 수 있는 일이 있는지 알아보겠습니다.'

그는 나에게 간호하는 일을 좋아하냐고 물었고, 나는 이렇게 대답했습니다. '네, 간호를 위한 용품만 있다면요.'

당시에 남자들은 끔찍한 상태로 온 바닥에 누워 있었지만, 이 아름답고 훌륭한 의사가 그곳을 방문한 지 24시간 만에 모든 남자가 벽을 따라 삼단으로 늘어선 벙커형 침대에 눕혀졌습니다.

음식, 보급품, 간호사를 비롯해 모든 것이 완벽한 상태에 있었습니다. 이것들이 어떻게 병원까지 왔는지 모르겠지만, 어쨌든 그것들은 그곳에 있었고, 남자들은 벽과 바닥과 천장이 온통 보라색으로 보인다고 말했습니다.

이 훌륭하고 아름다운 의사가 다시 왔을 때 나는 그가 크고 검은 수염을 기른 것을 보았습니다. 그를 보고 있자니 그것이 마음에 들지 않았습니다. 그는 그저 미소를 지었을 뿐 아무 말도 하지 않았습니다. 그리고 그가 다음번에 다시 찾아왔을 때 그에게는 수염이 없었습니다.

이 아름답고 훌륭한 의사가 그곳을 찾을 때마다 남자들은 그의 방문 이후 며칠이 지나서까지 벽과 바닥과 천장이 보라색으로 보이고 온 병원에서 장미향이 난다고 말했습니다.

여러 날이 지나고, 마침내 일반 의사들이 15명인지 20명 정도의 간병인들을 데리고 와서는 남자들을 수술 받을 수 있게끔 준비시키라고 지시했습니다. 남자들은 큰 소리로 외쳤습니다. '우리는 수술을 원하지 않습니다. 우리의 옷을 원해요.'

의사들과 간병인들이 그 남자들에게 무슨 문제가 있는지, 무슨 일이 일어났는지 알고 싶어 하자, 남자들은 이렇게 대답했습니다. '여기 다른 의사가 왔었는데, 그의 도움으로 우리가 모두 다 나았습니다.' 그러고 나서 남자들은 다시 그들의 옷을 달라고 요구했습니다. 의사들과 간병인들은 남자들을 진찰했습니다. 놀랍게도 그들은 남자들이 깨끗이 나았으며 집에 갈 준비가 되었다는 사실을 발견했습니다.

이 때문에 의사들은 이 아름답고 훌륭한 의사에 대해 더 알고 싶어져 정문의 경비원들에게 그에 관해 물었습니다. 그리고 경비원들은 정문 안으로 들어간 의사는 없었다고 단언했습니다. 나는 그들에게 이곳에 의사가 왔었고, 그 증거는 모든 남자가 나았다는 사실이라고 대답했습니다. 나는 경비원들에게 이렇게 물었습니다. '그 모든 침대와 보급품이 어떻게 저 안에 들어왔나요?' 그리고 경비원 중 누구도 그것들이 어떻게 안으로 들어갔는지 알지 못했습니다.

나는 더 나아가 이렇게 말했습니다. '나는 그 의사가 어떻게 이곳에 들어왔는지 모르고, 그가 어떻게 이곳을 빠져나갔는지도 모르지만, 나는 그가 이곳에 왔다는 사실을 알고 이에 대한 증거는 많습니다.' 그들은 대단히 놀랐지만 바로 그 의사가 다른 병원들에도 방문했다는 사실을 인정했습니다.

한번은 이 훌륭하고 아름다운 의사가 그곳에 다녀간 후, 내가 문을 열고 나가면서 한 간호사를 만났는데, 그녀가 매우 놀라 뒤로 물러나며 이렇게 말했습니다. '오, 올브라이트 양, 이게 무슨….' 그러고 나서 그녀는 무척이나 놀라 뒤로 한 걸음 더 물러났고, 그저 아주, 아주 놀란 눈빛으로 나를 보았습니다. 나는 그녀에게 왜 그렇게 행동하느냐고 물었습니다. 그녀는 이렇게 대답했습니다. '당신 주위를 엄청난 빛이 둘러싸고 있는데, 당신에게는 보이지 않나요?'

나는 보이지 않는다고 대답했고, 그녀는 더 이상 말하지 않았습니다."

올브라이트 양은 우리가 뉴욕 시티에 있는 메카 성전 로비에 서 있는 동안 내게 이 경험을 이야기해 주었습니다. 그녀가 몸을 돌려 문 너머로 무대를 바라보자, 그녀의 눈에 우리의 사랑하는 마스터 세인트 저메인의 초상화가 들어왔습니다. 그녀는 그 사진을 가리키며 말했습니다.

"저기 그 아름답고 훌륭한 의사의 초상화가 있네요. 그는 저 초상화보다 훨씬 더 아름답고 훌륭했지만요. 당신은 그 훌륭하고 아름다운 의사를 보기 전까지는 그토록 아름다운 옷을 본 적도, 그토록 아름다운 사람을 본 적도 없는 거예요!

이 아름답고 훌륭한 의사가 마지막으로 병원에 왔을 때 그는 나에게 이렇게 물었습니다. '당신의 근무가 끝나면 무엇을 하고 싶으세요?'

나는 이렇게 대답했습니다. '미국으로 가고 싶어요.' 그는 그저 미소 지으며 이렇게 말했습니다. '미국으로 간다고요?' 그런 다음 그는 이에 대해 말을 덧붙이지 않았습니다. 그런 다음 그는 이렇게 말했습니다. '도움이 필요할 때 나를 부르세요. 그러면 내가 당신을 도울 것입니다.' 나는 이렇게 말했습니다. '내가 어떻게 당신을 부를 수 있겠어요. 나는 당신의 이름도 모르는걸요?' 그는 대답하지 않았지만, 그저 미소 지었습니다.

나의 근무가 끝난 후에 나는 다시 집으로 돌아갔습니다. 그러던 어느 날, 무척이나 아름다운 남자가 내 집으로 찾아와 물었습니다. '어떤 방식으로 여행하고 싶나요?'

나는 그에게 말해 주었습니다. '이등석에 타서요.'

그는 물었습니다. '미국에 친구나 친척이 있나요?'

나는 대답했습니다. '네. 하지만 그들이 어디에 있는지는 몰라요.'

그는 떠났다가 곧 다시 돌아와서 나에게 봉투 하나를 건넸습니다. 그 안에는 뉴욕으로 가는 배의 이등석 티켓과 뉴욕 시티에 사는 내 지인들의 이름과 주소가 들어 있었습니다. 나는 준비가 되는 대로 이곳으로 왔고, 그 이후로 계속 이곳에 있었습니다. 나는 지금까지 이 경험에 대해 아무에게도 말한 적 없어요. 그저 당신에게 말해야 할 것 같은 느낌이 들었고, 내가 발라드 부인을 만날 수 있었으면 해요."

그 후에 약속이 잡혔고, 그녀는 발라드 부인을 만날 수 있었습니다. 올브라이트 양이 이 경험에 관한 이야기를 마쳤을 때는 저녁 수업이 시작하기 직전이었는데, 나는 알타(페리 보샹 부인)와 앨리스 벨에게 이에 대해 말할 기회가 있었습니다. 내가 그들에게 그 이야기를 전하는 동안, 위에서 번뜩이는 빛이 내려왔습니다. 그것은 그 이야기가 사실이라는 우리의 축복받은 상승 마스터 세인트 저메인의 신호였음이 분명합니다!

몇 주 후에 나는 이 이야기를 발라드 부부에게 전할 기회를 얻었습니다. 발라드 씨는 그 이야기가 사실이라고 말했고, 발라드 부인은 올브라이트 양이 내가 그들에게 이야기한 것과 같은 경험에 관해 그녀에게 이야기해 주었다고 말했습니다.

1년쯤 후 나는 이 이야기를 약 3,000명의 청중에게 들려 달라는 요청을 받았습니다. 청중 중에는 전쟁 동안 부다페스트에 있었던 두 남자가 있었습니다. 그들은 이 경험에 관한 기사가 신문에 났었고, 경비원들은 의사가 어떻게 병원에 들어왔는지 모른다는 이유로 재판을 받고 있다고 말했습니다!

Chapter 22   마스터들의 확언

나는(I AM) 활동하는 세인트 저메인의 현존입니다!
I AM the Presence of Saint Germain in Action!

나는(I AM) 그리스도요, 살아 계신 신, I AM의 아들입니다.
I AM the Christ, the son of the living God, I AM.
나와 아버지는 하나입니다.
I and the Father are one.

나는(I AM) 인류에게 풍요로움이 넘쳐흐르게 하는
우주의 보물 창고입니다.
I AM the Treasure House of the Universe flooding Forth
Abundance to mankind.

나는(I AM) 빛의 전능한 태양이며,
I AM a Mighty Sun of Light,
자유의 전능한 태양이고,
A Mighty Sun of Freedom,

인류를 지탱하는 사랑, 지혜, 그리고 힘의 전능한 태양입니다.
A Mighty Sun of Love, Wisdom and Power Sustaining mankind.

오 위대한 I AM 현존이여, 나의 뜻이 아닌,
당신의 뜻이 이루어지게 해 주세요.
O Great I AM Presence, Thy will, not mine, Be done.

나는(I AM) 세상이 탄생하기 전에 신 안에 있었던 존재입니다.
I AM that which I was in God before The beginning of the world.

나는(I AM) 모든 곳에 존재하는 생명의 현존입니다.
I AM the Presence of Life everywhere.

위대하고 훌륭한 I AM 현존이여, 앞으로 나오소서!
Great Wondrous Presence That I AM, come forth!

나와 나의 세상에서 모든 불결함, 오래된 습관, 의심, 그리고 두려움을
제거하고, 이것들을 상승 마스터의 의식으로 가득 차 있는
빛의 충만함으로 대체해 주세요.
Take out of me and my world all impurity, old Habits, doubts, and
fears, and replace them with The Fullness of The Light charged
with Ascended Master Consciousness.

나는(I AM) 창조의 불꽃 숨결입니다.
I AM the Fire Breath of Creation.

나는(I AM) 내 존재의 모든 원자 속에 있는 정화의 힘이며,
이는 나의 모든 불완전함을 정화합니다.
I AM the Purifying Power in every atom of my Being,
cleansing me of all imperfection.

나는(I AM) 이제 모든 그릇된 생각과 욕망으로부터 자유롭습니다.
I AM free of all wrong thoughts and desires now.

나는(I AM) 행동하는 빛의 완전한 힘이며, 이 빛은 내 마음, 내 존재,
내 세계를 채우고 모든 인류의 세상으로 쏟아져 나옵니다.
I AM the full Power of Light in action, filling my Mind, my being,
my world, and flooding forth Into the world of all mankind.

나는(I AM) 모든 곳에서 인류의 가슴과 마음을 채우는
신성한 사랑의 힘입니다.
I AM the Power of Divine Love filling the hearts And minds of
mankind everywhere.

나는(I AM) 활동하는 빛의 온전한 힘으로 이 상태로 들어서는
정복하는 현존입니다.
I AM the Conquering Presence moving into this Condition with
the full Power of Light in action.

나는(I AM) 모든 상태의 안팎으로 움직이며, 모든 일에서의 승리를 향한
나의 길을 열어 주는 전지전능한 정복자이신 신의 현존입니다.
I AM the Mighty Conquering Presence of God Moving in and
through all conditions, clearing My path to Victory in all things.

나는(I AM) 완수되어야 할 모든 일을 안팎으로 휩쓰는
완전함의 명령하고 지휘하는 현존입니다.
I AM the Commanding Governing Presence of Perfection,
sweeping in and through all That is to be done.

나는(I AM) 내가 하는 모든 일에서 승리합니다.
I AM Victorious in all that I do.

나는(I AM) 내 세상의 마스터입니다.
I AM Master of my world.

나는(I AM) 모든 것을 알고, 모든 것을 하고, 모든 것인 신의 현존입니다.
I AM the Presence of God that knows all things, That does all
things, That is all things.

가만히 멈추세요. 그리고 내가(I AM) 바로 이곳의 마스터임을 아세요.
Be Still, and know that I AM Master here.

나는(I AM) 내 앞에서 움직이며 항상 완전함을 가져오는
정복의 현존입니다.
I AM the Conquering Presence moving before me, Bringing
about perfection at all times.

나는 빛입니다! 빛! 빛!
I AM Light! Light! Light!

나는 사랑입니다! 사랑! 사랑!
I AM Love! Love! Love!

나는 신입니다! 신! 신!
I AM God! God! God!

나는(I AM) I AM인 그것이고 I AM 그 자체입니다.
I AM that I AM that I AM.

나는(I AM) 내가 되고자 하는 모든 것입니다.
I AM all things that I wish to be.

위대하신 존재인 I AM이여,
Thou great I AM,
모든 생명의 지고한 근원이여,
Thou Supreme Source of All Life,

나는 당신만을 인정하고,
I acknowledge only Thee, and
나의 생명, 나의 에너지, 나를 이루는 물질을 당신께 바칩니다.
Give unto Thy keeping My Life, my Energy, my Substance.
그러므로 이제부터 오직 당신만이 존재합니다.
Henceforth there is only Thee.

나는(I AM) 내가 되고자 하는 바로 그것입니다.
I AM that which I wish to become.

나는(I AM) 현재 지구에서의 내 운명의 성취입니다.
I AM the Fulfillment of my destiny on Earth now.

나는(I AM) 빛의 승리입니다.
I AM the Victory of the Light.